圈子・段子之
大明帝國
日常生活直播

張嶔◎著

陰謀、陽謀、權謀，在大明歷史上輪番上演
各個圈子，各有段子，各有難念的經
看大明帝國生活實錄，感受明朝式的優雅

崧燁文化

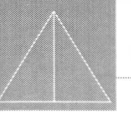 圈子 · 段子之大明帝國日常生活直播

目錄

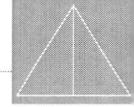

目錄

各個圈子，各有段子

帝王生活現場 11
- 脫鞋很要命 11
- 群眾反貪出冤案 11
- 突襲考察幹部 12
- 明朝有多富 12
- 最掛念老百姓 13
- 永樂大帝的「治國夢」 13
- 朱棣的馬屁不好拍 13
- 就不讓你死 14
- 「洋人」來認爹 14
- 算命要看時候 14
- 殺人要謹慎 15
- 種田很辛苦 15
- 一語成讖 15
- 好男人明英宗 16
- 愛國青年王公公 16
- 帝王的友誼 16
- 不死之身明英宗 17
- 敵人也感動 17
- 執子之手，與子偕老 17
- 兩大善舉 18
- 愛嘆氣的皇帝 18
- 皇上要打人 19
- 不搭腔也是錯 19
- 皇上會武術 19

3

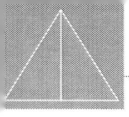

目錄

你是我的心靈支柱 ... 20
「愛護動物」的明孝宗 ... 20
奸臣辦好事 ... 20
皇上給你錢 ... 21
外語學霸正德帝 ... 21
明朝「踩踏事故」 ... 21
有種你砍我 ... 22
敢和皇帝叫板 ... 22
「昏君」的創舉 ... 23
「零距離」打板子 ... 23
嘉靖面前不好混 ... 24
對聯有風險 ... 24
嚴禁隨地吐痰 ... 25
朕和道家有緣 ... 25
皇上得了健忘症 ... 25
天生軟心腸 ... 26
皇帝太委屈 ... 27
天子的銀庫 ... 27
躁脾氣海瑞 ... 28
我可不學爹 ... 28
皇上有點懶 ... 29
師徒情義深 ... 29
最得百姓心 ... 30
萬曆皇帝嘴巴甜 ... 30
我想死師父您了 ... 31
你要幫我做個證 ... 31
莫欺萬曆不上朝 ... 31
藝術大師朱由校 ... 32

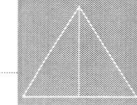

　　朕其實全都明白 ─────────────── 32
　　亂拍馬屁倒靠山 ─────────────── 33
　　「名偵探」崇禎 ─────────────── 33
　　翻臉像翻書 ───────────────── 34
　　貪腐反不動 ───────────────── 34
　　到底有多腐敗 ──────────────── 35
　　反腐抓錯人 ───────────────── 35
　　徵了多少錢 ───────────────── 36
　　眼光有問題 ───────────────── 36
　　君王死社稷 ───────────────── 37
明朝好公務員生活報告 ─────────────── 37
　　功臣都惹不起的知府 ───────────── 37
　　哪都能治理好的費震 ───────────── 38
　　不怕錦衣衛的許成 ────────────── 38
　　清貧盡職的帳房先生 ───────────── 39
　　最好脾氣的厚道閣老 ───────────── 40
　　列寧點名的經濟學家 ───────────── 40
　　堅持尊崇祖制的徐溥 ───────────── 41
　　「八虎」中的好標竿高鳳 ─────────── 42
　　海瑞背後的兩個男人 ───────────── 42
　　讓海瑞都感動的清臣 ───────────── 43
　　為政敵平反的鄒元標 ───────────── 43
　　就事論事的禮部尚書 ───────────── 43
　　練兵各有方的名將們 ───────────── 44
　　血戰到底的明朝將軍 ───────────── 45
　　最悲情的戰將盧象升 ───────────── 45
明朝生活實錄 ────────────────── 46
　　節儉是個道德問題 ────────────── 46

5

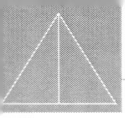

圈子‧段子之大明帝國日常生活直播

目錄

穿錯衣服很要命 47
玄幻神話從此流行 47
明初詩人很悲慘 47
削藩削出個科學家 48
文學大師算個鳥 48
吃飯的規矩從此多 49
震撼朝鮮的「學霸」 49
「學霸」是雷劈出來的 49
這才是書畫大師 50
莫欺叔叔窮 50
大家一起來享受 50
震驚皇帝的「韓流」 50
不許亂辭職 51
明朝也鬧「用工荒」 51
「炒**魷**魚」要講和諧 51
糟錢的藏書 52
社會風氣變得快 52
明朝的藝術家才叫拼 53
金牌出版人 53
拯救「本草綱目」 54
書生會武術 54
一肚子苦水的太監 55
太監要打爹 55
士大夫人生三部曲 56
秀才是真窮 56
大牌雲集的街頭群毆 57

大明外交報告

和朱元璋叫板，五百年祖宗家業沒了 ——————————— 59
　　　　高麗的輝煌 ————————————————————— 59
　　　　元朝帶來的苦難 ———————————————————— 60
　　　　挑釁大明，自取滅亡 —————————————————— 62
　　　　禍兮福所倚 ——————————————————————— 65
　　挑釁朱棣的後果是越南亡國二十年 ——————————————— 65
　　　　忍你很久了 ——————————————————————— 66
　　　　打得就是你 ——————————————————————— 68
　　　　老大是這樣打仗的 ——————————————————— 70
　　　　朱棣欠考慮，包袱二十年 ———————————————— 73
　　世界第二強帝國，向明朝低頭 ————————————————— 74
　　　　半路夭折的侵華路 ——————————————————— 75
　　　　忠心做小弟 ——————————————————————— 76

各有難念的經

　　穿越到明朝 ————————————————————————— 79
　　　　衣食住行都是規矩 ——————————————————— 79
　　　　社會福利好 ——————————————————————— 81
　　　　奮鬥在明朝 ——————————————————————— 82
　　　　士大夫階層有錢有閒 —————————————————— 83
　　王爺，養不起 ———————————————————————— 84
　　　　朱棣削藩很聰明 ———————————————————— 85
　　　　藩王從此養不起 ———————————————————— 87
　　　　《宗藩條例》玩真的 —————————————————— 89
　　大明軍制揭秘 ———————————————————————— 91
　　　　大明朝的兵，曾經多麼能打 —————————————— 91
　　　　衛所制下的士兵 ———————————————————— 92
　　　　更有積極性的募兵制 —————————————————— 95

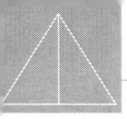

明朝式的優雅

- 晚明的享受風 101
  - 明朝人為什麼富 102
  - 明朝人怎樣炫富 104
  - 誰毀滅了明王朝 108
- 一個明朝畫家的遭遇改變中國美術史 110
  - 戴進其人 111
  - 命運雲霄飛車 112
  - 宮廷畫技法在民間 116
- 當明朝皇帝的老師有多難 117
  - 教育禮儀真繁瑣 117
  - 老師們各個有奇招 119
  - 師徒從來情意重 122
- 明朝科舉都考什麼 124
  - 高福利的明朝科舉 124
  - 讓人抓狂的八股文 126
  - 高強度的武舉考試 128
- 外國人眼中的明朝 129
  - 勇敢的傳教士們 130
  - 最強傳教士利瑪竇 132
  - 結識徐光啟 135
  - 利瑪竇等的貢獻 136
- 明代科學對世界的影響 137
  - 大人物左宗棠的悲憤 137
  - 誰知「中國熱」 139
  - 來自大明的高科技 141
- 「史上最好」的國家福利 145
  - 朱元璋是個起步價 146

皇帝各個有高招 148
　　福利缺錢怎麼辦 150
　　民間福利，預埋明亡 154

國難中的大明精英

　和平年代剛正清流現形記 159
　　傳說中很美的復社 159
　　戳開畫皮的復社 160
　　現形的精英 167
　一個陰差陽錯改寫了日本歷史的明朝大師 169
　　朱之瑜何許人 170
　　挺身赴國難 172
　　傳道在東洋 175

明朝的女人、女神與女神經

　明朝公主嫁人難 181
　明朝女人傳奇 185
　　被醜化的馬皇后 185
　　據說皇上追過你 186
　　話題女王劉莫邪 186
　　大明學霸馬蓬瀛 187
　　世緣情愛總成空 188
　　大明悍婦有骨氣 189
　　真實秋香情義重 189
　　明朝青樓也選秀 190
　　明朝婦女鬧解放 190
　　刻薄是因為愛你 191
　　惹不起的毒奶媽 192
　　真愛有誰可託付 192

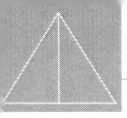

圈子・段子之大明帝國日常生活直播
目錄

尾聲

明朝滅亡時的囧事 195
大家一起踢皮球 195
崇禎死催就壞事 195
叛變專業戶 196
大明最佳影帝 196
遷都成鬧劇 196
「憤青」真要命 197
這個宦官真找抽 197
宮女愧煞人 197
叛徒不靠譜 198
拍馬屁變成找死 198
領導真有錢 198

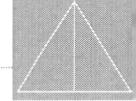

各個圈子，各有段子

▍帝王生活現場

脫鞋很要命

明太祖朱元璋最疼愛的兒子，便是太子朱標。但爺倆也曾發生衝突。胡藍大案爆發後，朱標為涉案的恩師宋濂求情。火頭上的朱元璋脫口大罵：等你當了皇帝再赦免他吧。沒想到朱太子脾氣更倔，二話不說竟跳進了宮中的太液池。

這下可把朱元璋嚇壞了，喝了一肚子水的朱標被撈上來後，朱元璋焦急地守在兒子身邊不吃不喝，直到朱標活過來才安心。事後所有下水救太子的人，朱元璋全部記下名字，脫了鞋子下水的一律殺頭，沒脫鞋子下水的則官升三級。朱元璋的理由是：太子都危在旦夕了，你們難道還脫了鞋子再跳水嗎？

群眾反貪出冤案

朱元璋反腐敗的一個大利器，就是發動群眾：農民如果懷疑所在地的官員貪汙腐敗，就可以直接將官員綁了，敲鑼打鼓地送到京城治罪，只要農民頭上頂一本朱元璋親自編寫的《大誥》，沿途官員不但不敢阻攔，還要提供方便。

第一個敢這麼做的人，是江蘇常熟縣農民陳壽六。洪武十八年（1385年），陳壽六因受地方官吏顧英欺壓，與親友一起將顧英捆綁，送到南京來治罪。得知消息的朱元璋非常高興，不但親自接見了陳壽六，而且還賞賜了他二十錠銀鈔（相當於台幣三十萬元），並免除他們全家三年賦稅，陳壽六的事跡更被明朝的「宣傳部門」大張旗鼓地通報全國表彰。

但有時候也鬧出冤案來。《大誥續編》裡記錄，安吉縣有個金姓農民，拖欠了兩年地租，東家地主去討租金，金農民居然手拿《大誥》，把地主綁

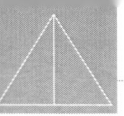

圈子・段子之大明帝國日常生活直播
各個圈子，各有段子

到南京城，送朱元璋處治罪。不明真相的沿途官員們居然也敲鑼打鼓，拿著反腐敗的陣仗禮送他進京。可憐的地主，差點就冤死在朱皇帝的反貪運動中。

突襲考察幹部

朱元璋在位時特別討厭的一個官員，便是監察御史韓宜可。此人經常直言進諫，不但不畏權貴，甚至還常打臉朱元璋，被朱元璋幾次搞得死去活來依然本性不改。但他有一個品質卻得到了朱元璋的敬重——清廉。

有一次朱元璋突然殺到韓宜可家，想看看韓宜可過的什麼日子，結果他看到韓宜可全家破衣爛衫，家徒四壁。朱元璋開始還不相信，開玩笑說：「你小子不會是知道我來，把家中的錢都藏起來了吧？」韓宜可二話不說，大大方方地打開家裡的錢箱，只見裡面空空如也，外帶補充一句：「臣從來沒錢，也就沒錢可攢。」

明朝有多富

牽掛老百姓吃飯問題的朱元璋，終其整個在位期間，都特別重視農業，除了眾所周知的清丈土地、輕徭薄賦等政策外，還發布了明朝版的「宏觀調控」。

從明朝建國後的第四個月，即洪武元年（1368年）四月初一開始，全國的自耕農，凡種植桑、麻、木棉三種經濟作物的，國家免三年賦稅。不種桑與麻兩種經濟作物的，卻要被處以罰款。

這項命令推行25年後，即公元1393年，明朝中國棉花總產量11803000餘斤，糧食總儲量71800000石，《明史》稱這一時期「宇內富庶，賦入盈羨，府縣倉儲甚豐，至紅腐不可食」。至於老百姓的生活，當時的民謠是這樣說的：山市晴，山鳥鳴，商旅行，農夫耕，老瓦盆中冽酒盈，呼嚣隳突不聞聲。

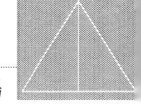

最掛念老百姓

朱元璋另一個史不絕書的善舉就是他的「晚年憂民益切」。從洪武二十六年（1393年）至他去世時的洪武三十一年（1398年），明朝曾多次打開官倉，賑濟貧民。洪武二十六年（1393年）四月，朱元璋更通告天下，規定從此後，凡有水旱災害，地方官員可以不經請示，先行打開官倉賑濟百姓。

洪武二十八年（1395年）八月起，明朝更開始透過派遣教官，建立學堂等方式，在西南少數民族土司地區推廣文教。即使在人生的最後時刻，朱元璋依然在遺詔中叮囑：自己去世後，喪禮不要用金銀器皿，全國的臣民，在哀悼滿三天後，就要脫下孝服，不要因為國喪，影響老百姓家的正常生活。「憂民」之心，直到生命終點。

永樂大帝的「治國夢」

浴血奪取江山的永樂皇帝朱棣，是個工作十分認真的上司。自從登基之後，每天早晨四更就起床，吃過早餐後，他要在早朝前把所有的國事預先籌劃一遍，早朝之後，他批閱奏章往往要到很晚，而即使在他熟睡的時候，只要有緊急的奏報送來，不論他睡得有多熟，內侍都要立刻把他叫醒，否則內侍就要受罰。勤奮程度直追朱元璋的他，更有自己的治國理想。

永樂七年（1409年），在接見一位北京的老壽星時，興致勃勃的朱棣，說出了自己的治國追求：農民勤勞地種田，不用擔心交不上賦稅；工匠勤勞地工作，不用為了養家餬口去鑽研奇技淫巧；做生意的商人們可以生意興隆，不會破產淪為流民；不管是窮人還是富人，彼此都可以和睦相處，鄰里之間，更可以相互撫卹。這個理想，就是他一直說的「斯民小康」。

朱棣的馬屁不好拍

永樂十三年（1415年），朱棣北徵得勝歸來，貴州布政使上奏章拍馬屁，說朱棣凱旋的時候，連貴州的大山都有感應，群山高呼「萬歲」。朱棣看了

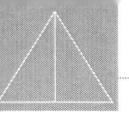

後很不高興，大罵說：「我在北方征戰，貴州的大山是怎麼知道的？簡直是胡說八道。」這位官員本想拍馬屁的，反遭朱棣嚴懲。

就不讓你死

在管理官員的學問上，朱棣繼承了老爹朱元璋強硬的一面，卻也有自己的創意。戶部尚書夏原吉因反對北征遭下獄，兵部尚書呂震受命代理戶部工作。膽小怕事的呂震因此惶惶不可終日。朱棣得知後，立刻命令十名內侍去監視呂震，並且警告說：如果呂震突然自殺，那麼受命監視呂震的內侍們也都要統統陪他死。

「洋人」來認爹

朱棣的一大業績，便是外交成就。拜鄭和下西洋和陳誠通西域所賜，外國使團紛至沓來，可謂「萬國來朝」。而各國朝見時的賀表內容，也非常豐富多彩，有「認神仙」的，比如滿剌加國國王親自來朝拜時，在賀表裡奉承說，我們國家風調雨順、國泰民安、政治清明，這都是因為大明皇帝保佑啊。

也有「認爹」的，比如帖木兒帝國國王哈魯，他在永樂十九年（1421年）遣使朝見朱棣時，送上一匹馬。國書中特意寫明，這匹馬是自己父親老帖木兒當年的座騎，自己作為兒子不敢騎，思來想去，還是朱棣騎比較合適。

算命要看時候

一生精力旺盛的朱棣，其實是一個症病纏身的人，他年輕時就經常肚痛，而且百醫無效。直到登基後，經名醫戴思然診治，服藥後排出許多小蟲，方才漸漸好轉。這種病，就是現代醫學中說的「腸道寄生蟲病」。

而從50歲後，朱棣又患上了嚴重的風濕病。為了治療，他甚至篤信方士，在京城設立神廟，求取仙藥，結果卻是病痛越發嚴重，病痛的折磨也令朱棣時常脾氣暴烈乖張。「靖難之役」中曾為他算命的袁珙，一次諫言他不要迷信仙藥，卻正趕上朱棣發病，當場被朱棣命人拉出去暴打一頓。

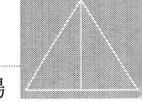

帝王生活現場

殺人要謹慎

朱棣對於中國法律的最大貢獻，便是確立了「五復奏」制度，即對於死刑犯人的量刑要經過五輪審查。永樂六年（1408年）十一月，法司宣判的案件，被判處死刑的犯人多達三百人，朱棣得知後立刻下令復議。結果，查出其中二十多人是冤枉的。

從此之後，明朝法律改變了朱元璋時期死刑過濫且有法不依的弊端。依律行事，漸成明朝司法的主流。甚至朱棣本人也做出表率。一次戶部發生冒支錢糧案，朱棣聞訊大怒，當場下令將犯事官員全部處死。負責審理案件的刑部官員回答說：「按照律法，這些案犯罪不當死。」朱棣立刻醒悟，當場改口說：「是我一時氣糊塗了，居然把律法忘了，那就按照律法辦吧。」

種田很辛苦

祖父朱棣很重視民生，明宣宗朱瞻基也同樣如此，在「親民」方面，他甚至更進一步。宣德五年（1430年）清明節，祭祀歸來的朱瞻基走訪京城郊區農家，不但考察民情，更親自嘗試農業勞動，扛著農具耕了一圈地。

事後他對大臣感嘆說：我才幹了這麼幾下農活，就累得受不了了。都說農事最辛苦，今天我總算信了。親身體驗了農事艱辛的朱瞻基，之後減免賦稅，與民休息。他還選拔精幹官吏出任地方知府，明朝名臣況鐘，就是在這次體驗生活後被任命的。

一語成讖

明宣宗在位的時候，一直對太子朱祁鎮寄予厚望。朱祁鎮剛學會說話的時候，明宣宗就把他抱在腿上問：將來你當了皇帝，能不能開創一個太平盛世？朱祁鎮奶聲奶氣地回答：能！明宣宗又問：那如果有人敢作亂，你敢不敢親自去討伐？小朱祁鎮聲音響亮回答：敢！沒想到他這個問題後來竟「一語成讖」：朱祁鎮果然敢親自去討伐敵人，不過卻被敵人抓了俘虜。

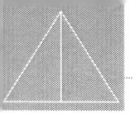

圈子‧段子之大明帝國日常生活直播

各個圈子，各有段子

好男人明英宗

鑄成「土木堡慘敗」大禍的明英宗朱祁鎮，生活中卻是個絕對好男人。他與皇后錢氏恩恩愛愛，事母孫太后極孝，太后生病的時候他親自照料。他和同父異母弟郕王朱祁鈺即後來的景泰帝，當時更是兄弟情深。

明宣宗一生僅朱祁鎮與朱祁鈺兩個兒子，臨終前他還曾特意把朱祁鈺母子叫到病榻前，囑託孫氏好好照料這對母子。朱祁鎮登基後，對朱祁鈺母子體恤有加，不但對朱祁鈺的母親吳氏極為恭敬，每到逢年過節，對朱祁鈺更是必有厚賜。連當時的直臣李時逸（當年罵明仁宗的那位）都曾由衷稱讚說：陛下兄弟相親，國之福也。

愛國青年王公公

朱祁鎮被後人詬病較多的，就是他寵信宦官，尤其是寵信王振。但在朱祁鎮做太子乃至登基早期時，後來臭名昭著的太監王振，卻也一度是個名聲頗好的「賢良」。幼年朱祁鎮喜好玩耍，經常在宮裡擺開場子踢球，連大臣們都不敢勸，沒想到王振見到後撲通跪倒，當場流淚高呼說：「當年先帝（明宣宗）喜歡踢球，結果誤了國事。現在皇上又踢球，是要把國家大事置於何地啊？」此事傳開，許多朝中重臣也嘖嘖稱讚，內閣重臣楊士奇就曾感慨：太監當中也有這樣的賢良啊！

帝王的友誼

在「土木堡慘敗」後，明英宗朱祁鎮淪為瓦剌人的俘虜。但據《明史》中記載，無論處於怎樣危險的遭遇下，在兇狠的敵人面前，朱祁鎮都保持著大明天子的高貴氣度。

而淡定的朱祁鎮，也有一次載入歷史的「失態痛哭」。一次他的侍衛袁彬身患重症，昏迷不醒。朱祁鎮焦急萬分，在百般醫治無效後，朱祁鎮趴在袁彬身上，放聲號啕大哭起來。沒想到這一哭，卻把一只腳已經邁進鬼門關的袁彬硬生生地給「哭」醒了。

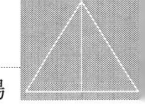

帝王生活現場

朱祁鎮被俘後，因瓦剌連遭敗績，朱祁鎮又漸無價值，居住條件更惡劣，一颳風就漏風，凍得他哆哆嗦嗦。安置他們的地方卻有個特別的名字：蘇武廟。那些日子裡，朱祁鎮、袁彬、哈名、狐狸沙爾，四個患難與共的主僕，就在蘇武廟的破帳篷中，忍受著呼嘯的寒風，相互依偎在一起，相依為命。

不死之身明英宗

按照各種史料的說法，「土木堡慘敗」後淪為俘虜的明英宗朱祁鎮，是個死了許多次沒死成的人。瓦剌可汗也先想用劍砍死朱祁鎮，結果劍斷了；想把朱祁鎮扔到水裡淹死，結果朱祁鎮浮了起來。而《黃金史》和《明史》也都有一個「巧合」的記錄：也先想半夜偷偷殺死朱祁鎮，沒想到天上打雷，把也先的馬給劈死了。一來二去，也先終於相信朱祁鎮是真命天子，從此不敢加害。

敵人也感動

「北京保衛戰」勝利後，大臣楊善出使瓦剌，軟硬兼施，終於成功要回了明英宗朱祁鎮。而完成任務的楊善，更親眼看見淪為囚徒的朱祁鎮在蒙古草原的「人氣」。

先是宴會上，瓦剌可汗也先的弟弟伯顏帖木兒對朱祁鎮甚為恭敬，甚至向楊善提出了哭笑不得的要求——朱祁鎮回去後，景泰帝朱祁鈺必須把皇位還給他。而送行的時候，伯顏帖木兒更親自護送千里，直到大明邊境。臨別的一刻，這位戎馬一生的硬漢子，面對朱祁鎮淚如雨下，依依惜別。而伯顏帖木兒剛走，也先的另一大將昂克又追來了——原來他獵到了一只獐子，特意縱馬馳騁千里，前來進獻給朱祁鎮。淪為囚徒的朱祁鎮，他的氣度與親和力不但感動了朋友，也感動了敵人。

執子之手，與子偕老

如願回家的明英宗朱祁鎮，被在位的景泰帝尊為「太上皇」，其實卻是被百般提防。連基本的生活都無法保障，與他相依為命的，正是在家苦苦等候他兩年的錢皇后。

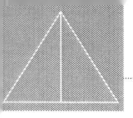

圈子・段子之大明帝國日常生活直播
各個圈子，各有段子

朱祁鎮被俘後，錢皇后先是拿出私房錢，送到也先處贖人，卻人財兩空。而後她天天跪地祈求上天，保佑朱祁鎮平安，結果腿因此跛了，眼睛也為此哭瞎了，等朱祁鎮回來時，她已成了一個瘸腿瞎眼的老婦。但朱祁鎮卻毫不在意，夫妻二人相親相愛，相守度日。兩人的日常花銷甚至要靠錢皇后天天紡紗，賣錢度日。而受命在南宮監視朱祁鎮的特務們也經常看到感人的一幕：不管錢皇后走到哪裡，朱祁鎮都陪在身旁，牽著錢皇后的手。這對中國歷史上著名的患難夫妻真正演繹了「執子之手，與子偕老」的美好。

兩大善舉

在南京度過了幾年被軟禁的生涯後，明英宗朱祁鎮趁景泰帝病危的機會，在徐有貞等臣子的擁立下成功復辟。再度君臨天下的他，由於殺害了「北京保衛戰」的大功臣于謙而被後世詬病。但二度執政時期，明英宗卻也做了兩件好事：一是實行「優老之禮」，全國七十歲以上的老人，國家每年都要發放糧食供養，九十歲以上的老人加倍；六十五歲以上的老人免服任何國家差役。這是世界上最早、最細化的「國家養老政策」。第二件事卻是他臨終時候的遺言：廢除中國流傳千年之久的野蠻殉葬制度。

愛嘆氣的皇帝

明憲宗朱見深自從登基後，給群臣的最大印象便是愛嘆氣。他天生口吃，少年時代歷經磨難，養成了外柔內剛的性格，遇到有疑難的國家大事，必然當著大臣的面嘆氣。

他即位剛一個月，廣西大藤峽就發生叛亂，朱見深看了奏摺後，當場嘆息一聲。他即位的第二年，荊襄又發生了流民暴亂，他還是嘆氣。甚至有時候朝臣在他面前發生爭論，要他裁決，他一樣只是嘆氣。但在位二十三年中，最能惹他嘆氣的事情，卻只有一件——水旱災害。

《明實錄》裡記載，每當朱見深聽說鬧災的消息後，就會嘆息不已。如果有關部門賑災速度遲緩，他就會更加嘆息不止。後人詬病他設置「皇莊」，並在內宮開設「小金庫」——內帑，其實他「內帑」中的存銀，相當多都被用來賑濟災民了。

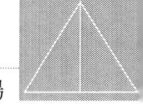

帝王生活現場

他執政二十三年裡共減免災區稅糧一千九百多萬石，平均每年近百萬石，這還僅僅是「官田」的減免數字，就已是明朝歷代最高。即使是批評他最多的明史典籍《罪惟錄》中，也稱他在位期間，老百姓的生活「幸斯小康」。

皇上要打人

朱見深讓大臣們感到欣慰的一點，就是脾氣好。群臣進諫不管說話多難聽，他總能耐心聽。大臣犯了錯，也極少被重罰，更不像前任皇帝那樣動不動就杖責。但凡事也有例外，比如宦官懷恩一次曾勸阻朱見深，請他赦免因抨擊朱見深崇佛而下獄的御史林俊。朱見深怒從心頭起，當場隨手抄起一塊硯臺朝懷恩砸去。若不是懷恩躲得快，肯定被砸得滿臉豆花。

不搭腔也是錯

大多數時候，朱見深都還算是好脾氣的。但他好脾氣的方式有時候卻比壞脾氣更讓大臣們受不了。比如大臣們當面向他提意見的時候，他雖然能控制住脾氣，卻常常「非暴力不合作」，任對方說得如何天花亂墜，自己卻打死不搭腔。按照俗話說，就是個「悶葫蘆」，搞得大臣們直憋氣。御史陳音看不下去了，為朱見深上「奇文」一篇，文中指責說：皇上您雖然經常聽我們說話，但是卻從不向我們發問，而勤學好問才是學習的優良傳統。希望皇上您能夠每天抽出時間來，找幾位飽學之士，向他們提問題，這樣咱大明江山就能穩固了。「奇文」送上去，朱見深依然「悶葫蘆」。

皇上會武術

平和好脾氣的朱見深，卻也有個特殊的愛好：練武。他做太子的時候，就曾學過騎射。做了皇帝後，也喜歡去皇宮西苑，欣賞御林軍的操練。但欣賞的結果，卻是越來越失望。成化九年（1473年）四月十二日，他把京營所有的軍官召集在一起表演騎馬射箭，結果絕大多數人箭箭脫靶，武功水平極其拙劣。

如此低水平的表演，好脾氣的朱見深也受不了了，當場大罵說：有你們這群人帶兵，能教育出好兵來嗎？結果有四十六名軍官當場被「炒魷魚」。

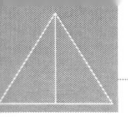

圈子・段子之大明帝國日常生活直播

各個圈子，各有段子

半年後朱見深再來考察，依然有九名軍官箭箭脫靶。雖然總體有所進步，但朱見深依然不滿意。此後終其一生，他再懶得看京營操練。

你是我的心靈支柱

朱見深的另一件「八卦」事，就是他專寵年長他十九歲的貴妃萬貞兒。據說這位萬貞兒歲數大不說，相貌也極難看，說話聲音更像個男的。如此人物怎麼得到朱見深寵信的，不同史料說法不一。但《明史》上的一段對話卻足以說明原因。朱見深的母親周太后問他：兒子啊，這個姓萬的女人，歲數大，長得醜，你為什麼喜歡她啊？朱見深答：其實我也不知道為什麼，但只要和她在一起，我的心就特別安定。

「愛護動物」的明孝宗

明孝宗朱祐樘的兩個公認優點就是節儉和仁慈。但這兩個好品質放在一起，有時候卻也超「天真」。比如他登基後，開始叫停朱見深時代的種種享樂活動，但有個事情犯了難：朱見深還留下了一些珍禽猛獸，這些動物怎麼處理？餵著吧浪費糧食，殺了吧又太殘忍，放出去吧還會傷害人畜。朱祐樘答：那就不給餵食，讓它們自己餓死好了。

奸臣辦好事

明孝宗用人，一個重要的特點，就是許多以前被看作奸臣的人物，在他的手下反而成了能臣。典型如朱見深在位時期的佞臣劉吉，朱見深時代，他就是內閣大學士，除了善於排擠同僚外，他最主要的工作，就是逢迎拍馬。當時明朝官場上送他的綽號叫「劉棉花」，意思是臉皮厚，不怕罵。

明孝宗朱祐樘登基後，開始勵精圖治，劉吉也搖身一變，經常上書建言國家大事。而看重他能力的朱祐樘，不但沒有清算他，相反留用他為內閣首輔。他擔任首輔時，雖然也有打擊陷害言官等惡行，但最重要的貢獻，就是不費一兵一卒解決了哈密問題。

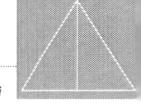

當時哈密被吐魯番侵占，明王朝上下意見不一，劉吉提出了「閉關絕貢」的手段，即對吐魯番進行經濟封鎖，逼迫其主動交還哈密。事後果然奏效。他的功勞，也恰應了一句俗話：惡人自有惡人磨。

皇上給你錢

朱祐樘得到後世稱頌的，除了他的勤政與人品外，就是他對文臣的優禮。比如他極其信任的左都御史戴珊，弘治十八年（1505年），朱祐樘接見戴珊時，特意贈給他一錠白銀，並解釋說：這一點錢，多少能夠表彰戴珊的廉潔。皇帝給臣子送錢，明朝並非首例，但僅為表彰道德則確為首例。戴珊晚年，多次請求退休，朱祐樘對戴珊說：我把天下大事交給你，就像對待家人一樣，而今太平盛世尚未實現，怎麼能說走就走呢？聞言的戴珊流淚說：我只有死在任上了。

外語學霸正德帝

貪圖玩樂的明武宗朱厚照，其實也是一個非常博學的人。他精通佛教等宗教，甚至通悉梵文、梵語，他除了給自己加過「大將軍」尊號外，還給自己加封「佛號」，全名是「大慶法王系覺道圓明自在大定豐盛佛」。朱「佛爺」極其超前的一個本事，就是他的外語天賦，比如葡萄牙使者來朝見時，他只用極短的時間就學會了葡萄牙語，甚至能夠和葡萄牙人熟練交談。

明朝「踩踏事故」

朱厚照被認定是「昏君」的另一個罪名，就是虐待大臣。他所寵信的劉瑾、江彬等寵臣，都曾借助他的權勢整治文臣，而他本人，除了責罰過給他提意見的大臣外，還經常給大臣們搞點「惡作劇」。《明實錄》裡記載，正德十一年（1516年）正旦節，滿朝文武依據慣例，去宮內向皇帝朝賀。但朱厚照一看大臣們個個穿得衣冠楚楚，就特別地不喜歡。他就故意放大臣們「鴿子」，躲在宮裡不出來。

可憐一干文武大臣，從大清早一直站到晚上，個個餓得兩眼昏花，見皇帝見不到，走又不敢走。直到天色昏暗，朱厚照才派太監傳旨，說皇上今天

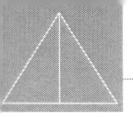

圈子・段子之大明帝國日常生活直播
各個圈子，各有段子

不來了，大家都回家歇了吧。早就疲累交加的大臣們如遇大赦，連忙爭著往家跑，卻不想在午門外相互擁擠，竟然有多名大臣被擠倒，發生了明朝版的「踩踏事故」。《明實錄》裡說，整整一個小時的事故中，大臣們兒子喊爹，屬下喊領導，僕人喊主子，慘叫聲、呼救聲「聲徹殿宇」。

事後統計傷亡，右將軍趙郎被當場踩死，三十多名大臣受傷，內閣大學士梁儲的手臂被踩斷。事後，朱厚照也曾表現悔意，他沒有去見大臣探傷，但死者趙郎的葬禮，他曾親自參加，所有在事故中受傷的大臣，也都得到優厚撫卹和賞賜。

有種你砍我

朱厚照在位期間，史不絕書的另一個政治景象，就是當時文官們的剛直。朱厚照於正德十三年（1518 年）北遊宣府前，內閣大學士蔣冕曾擋在他的車駕前阻攔。朱厚照拿著寶劍，威脅要殺死蔣冕，蔣冕卻慨然回答說：我忤逆了皇上的話，屬於有罪，應該被皇上殺死。但面對鐵骨錚錚，朱厚照最終沒敢動手。

敢和皇帝叫板

一直因為行事荒唐飽受批評的朱厚照，對於大臣，卻也有他寬容的一面。除了厚待楊廷和等重臣外，對於許多得罪他的大臣，他非但不恨，相反卻非常敬佩。比如他北巡的時候，欲取道宣府去草原地區，但宣府御史張欽拒絕為他打開城門。僵持多日後，朱厚照還是趁著張欽去外地視察的機會，才得以進城。但對張欽，朱厚照非但沒有責罰，相反還下旨稱讚他「勤懇忠勉」。

後來他南巡揚州，在當地恣意玩樂，揚州知府蔣瑤非但不逢迎，相反處處和他「針尖對麥芒」。朱厚照向蔣瑤索取銀兩，蔣瑤拿著自己老婆陪嫁的首飾哭窮說：我家裡就這些東西，皇上您看著辦。朱厚照又向蔣瑤索取當地的特產瓊花，蔣瑤反而嘲諷說：瓊花這東西我們這裡原來有，但自從宋徽宗被抓走以後，它就絕跡了。其實是嘲笑朱厚照是北宋亡國之君宋徽宗。這樣一個給他洗臉的官員，朱厚照非但不怒，當場一笑了之。事後蔣瑤雖然遭朱厚照的太監挾怨報復，被用鐵鍊捆在朱厚照的車隊裡，隨朱厚照一直北歸到

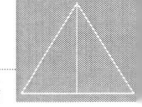

帝王生活現場

山東臨清才釋放，但後來卻官升陝西參政，再未受任何責罰。後人的史書中，給朱厚照加過許多「貶義詞」，但唯獨沒有人說他是個暴君。

「昏君」的創舉

明武宗朱厚照，素來被史家看作「驕奢淫逸」的昏君，可也正是他在位的十五年，做成了兩件之前「仁君」們沒有做成的事情。

一是江南賦稅改革，透過楊廷和主持的賦稅調整，改變了自朱元璋起江南賦稅過重的局面。從正德八年（1513 年）起在江南全面推行的賦稅改革，既減輕了江南當地百姓的負擔，更使從弘治晚期開始，江南地區拖欠中央累積十年之久的賦稅，僅經兩年時間就全部還清。國家財政狀況大大好轉。

二是沿海「市舶司」改革，強化市舶司的收稅職能，增加外貿收入，打開瞭解除海禁的第一步，擴大了政府稅源。朱厚照在位十五年，國家的實際財政收入，其實要高於他父親十八年的「弘治中興」時代。

「零距離」打板子

嘉靖皇帝朱厚熜在登基之初發佈的一個重要的詔令，就是廣開言路，鼓勵言官大膽進言。但在大多數執政時間裡，他對於言論卻多採取壓制方式。他壓制的方式就是「杖責」。

他杖責的方式，是非常「零距離」的，比如嘉靖四年（1525 年），雲南御史郭楠上奏，要求撫卹「大禮儀」之爭中的獲罪官員家屬。朱厚熜大怒，立刻下令錦衣衛帶著大棍，乘快馬八百里加急，就為了到萬里之外的雲南打郭楠二十大板。

嘉靖十三年（1534 年），戶部給事中張選要求朱厚熜親自拜祭孔子。惱怒的朱厚熜不但把張選杖責，甚至還特意跑到牢房隔壁，親自聽毆打張選的板子聲。嘉靖十九年（1540 年），朱厚熜想閉關煉丹，太僕寺卿楊最上奏說：「臣就算被陛下打死，也要上奏勸阻陛下。」朱厚熜看完後立刻說：「那就把他打死吧！」結果，楊最被活活打死。

23

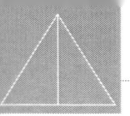

圈子・段子之大明帝國日常生活直播

各個圈子，各有段子

嘉靖面前不好混

跟上朱厚熜這樣的領導，做大臣的想混好是非常難的，朱厚熜執政時代的幾位重臣，都有自己一套打事的辦法。最早得寵的夏言，最大的特點是做事風風火火，朱厚熜交代做的事，都能以最快的速度做完，而且匯報工作極其簡單明瞭。

但排擠掉夏言的嚴嵩卻更有一手。後人都說他會拍馬屁，確實他拍馬屁的方式極其特殊：每次與朱厚熜討論事情的時候，先假裝和朱厚熜爭論，然後等朱厚熜教育完了，就做幡然醒悟狀，再竭力稱頌朱厚熜英明。這樣做，每次都能給朱厚熜帶來智商上的優越感。

而最後算計掉嚴嵩的徐階，他的方法則更加高明。他向朱厚熜奏事，每次都是先投朱厚熜所好，大拍馬屁，說正事的時候來迴繞圈子，繞到最後，卻還是拐到自己的主意上，而且基本都能取得朱厚熜的支持。

對聯有風險

朱厚熜對待大臣，表面上很親切，經常拉著大臣拉家常，甚至討論學問，但就在溫情脈脈間，可能稍微一點小錯，就會惹得他當場翻臉。

嘉靖二十五年（1546年），朱厚熜一次召內閣首輔嚴嵩和吏部尚書熊俠，說要一起對對聯。他出了個上聯叫「閣老心高高似閣。」就這一句，嚇得嚴嵩當場「撲通」跪倒，搗蒜般地磕頭，渾身冷汗直冒。

朱厚熜接著冷冷地說：你要是對不出來，我這裡倒有一個下聯——「天官膽大大如天」。話音未落，旁邊的熊俠也緊跟著「撲通」跪下，連磕頭的勁都沒了，渾身哆嗦如篩糠。這個對聯連起來的意思就是：做內閣首輔的嚴嵩，心氣太高了，高得內閣首輔這個官都容不下他了；做吏部尚書的熊俠，膽子也太大了，大得都要比過天了——你們兩個以後都給我老實點！

24

嚴禁隨地吐痰

朱厚熜給大臣們的最大印象，就是深沉、刻板。朝臣向他匯報工作的時候，即使是再緊急的壞事，也很少從他臉上看到驚慌與怒氣。而即使是天大的喜訊，同樣不會從他臉上看到興奮。

而他的生活同樣刻板，按照明朝《起居注》的說法，他是明朝極少每天能保持同一生活規律的皇帝，無論起居、上朝、批閱奏摺，都在規定的時間完成。而他的待人接物更是極具禮儀性，一點生活習慣的錯誤可能都會引起他的憤怒。在他登基後，明朝皇城有了一個明文規定——嚴禁在皇城裡隨地吐痰。

朕和道家有緣

在明朝皇帝中，朱厚熜是一個極度信奉道教的皇帝。他信奉道教的狂熱程度，在各類史書中都有記錄，而他信奉道教的原因，《明史》把責任歸結到朱厚熜執政早期的近侍太監崔文身上，認為是朱厚熜初入京城時，崔文在皇宮裡設立道場，為當時的江南水災祈福，隨後江南水患消解，也從而使時年十六歲的朱厚熜迷上了道教。

而更加貼切的記錄應該是《明經世文編》。朱厚熜的家鄉湖北安陸，在當時就是道教盛行的地方。朱厚熜的父親興獻王就是一個虔誠的道教徒，不但與當地的道士交往甚多，更多次向道觀捐贈金銀。

甚至朱厚熜本人的出生，也與道教有不解之緣。按照《鐘祥縣誌》的記錄，朱厚熜降生前，其父興獻王曾夢見神仙下凡，接著就被朱厚熜降生的嗷嗷啼哭聲驚醒。而在朱厚熜的整個執政時代裡，他都對外宣稱自己是神仙下凡。

皇上得了健忘症

朱厚熜為人上的最大毛病，就是記仇。比如早年在「大禮儀」之爭中反對過他的大臣楊慎，被他發配雲南達35年，期間朱厚熜幾乎每年都問：楊

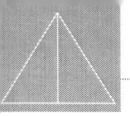

圈子・段子之大明帝國日常生活直播

各個圈子，各有段子

慎在雲南過得怎麼樣？每次問的時候，有心保護楊慎的大臣們，都故意把楊慎說得慘兮兮的，聽到這些消息，朱厚熜就會露出滿意的笑容。

但有時候朱厚熜也健忘，大臣徐階早年也曾在「大禮儀」之爭中得罪他，不但遭到貶官，朱厚熜更在宮殿柱子上刻下八個字——「徐階小人，永不敘用」。但就是這位「永不敘用」的徐階，成了朱厚熜執政時期最後一位內閣首輔，並且深受信任。

而被朱厚熜寵信了二十年的嚴嵩，最後也倒霉在他的「健忘」上。嚴嵩起初被罷官的時候，朱厚熜曾經下旨，要求官員們不要再彈劾嚴嵩的罪狀，有敢彈劾嚴嵩及其家人罪行的，要一律治罪。

但僅僅一年後，嚴嵩的兒子嚴世蕃在家鄉犯罪，遭御史林潤彈劾，朱厚熜勃然大怒，立刻將嚴世蕃判了死刑。同樣倒霉的還有抗倭名將胡宗憲。嘉靖四十一年（1562年）嚴嵩罷官，身為嚴嵩黨羽的他本應受株連，朱厚熜因他抗倭有功，下旨說「宗憲非嚴黨」。但僅過三年，胡宗憲就被論罪下獄，為求清白，他自盡於獄中。其實健忘和記仇，都是緣於朱厚熜的一個性格——小心眼。

天生軟心腸

隆慶皇帝朱載坖，登基前做了30年裕王，期間最大的愛好便是吃驢腸，逢年過節的時候，必然要有驢腸這道菜，遇兒子出生這類喜事時，也要吃驢腸慶祝。甚至好多次碰到愁事，以至長吁短嘆的時候，他也要靠吃驢腸來消愁。可在他登基後，一次偶然路過御膳房，聽到裡面傳來驢子的慘叫聲，召來廚子一問才知道，原來驢腸這道菜，做法十分的殘忍。朱載坖隨即下旨，從今往後，再也不要做驢腸給他吃。此後一直到他六年後駕崩，他再沒吃過驢腸。

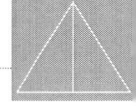

帝王生活現場

皇帝太委屈

比起父親嘉靖帝朱厚熜來，即位的隆慶帝朱載垕，因為他用人得當，朝廷內人才濟濟，國家經濟全面恢復，外患消弭，軍備振興。他在位的時期，是後世公認的明朝「隆萬中興」的開始。

但他本人，卻是一個挨罵非常多的皇帝。罵的內容主要有兩個，一是說他懶，比如御史鄭履淳就曾寫奏摺批他，質問說：皇上在位三年，曾經召見過大臣嗎？曾經親自主持籌劃過國家大事嗎？您對奏章的批覆，是您自己寫的嗎？而罵他好色的更多，除了他那些具體行為外，有些言官甚至捕風捉影，比如御史蔡汝賢就曾上奏說：皇上您這兩天瘦多了，肯定是經常寵幸女人，您可不能這樣啊。

對這些罵他的奏摺，朱載垕大部分時候還是很寬厚的，大多數的奏摺，他既不懲罰上奏官員，也不批覆，基本都「留中」了。少數例外的，比如蔡汝賢的那份奏摺，他還特意批覆了，在批覆中回答說：我這兩天真的沒有寵幸貴妃，我瘦確實是因為工作累到的。

天子的銀庫

登基後的朱載垕，面對的是朱厚熜留下的爛攤子。北方韃靼部落持續進犯，國家財政嚴重緊張，他登基早期，國家糧倉裡的存糧，僅僅足夠支用一個月。他登基後的種種舉措，後人稱讚比較多的，包括有停止各類道教活動、帶頭恭行節儉、遏制兼併、平反冤案等。

這些措施大多是對朱厚熜在位中後期種種過失的補救。而他做的最重要的兩個事情，一是整頓軍備，二是開放對外貿易。這位被看作「軟弱」「溫和」的帝王，對於軍備卻極為重視，他登基後的第二天，即下詔書給明朝九邊邊鎮，希望各個邊鎮通力合作，早日打大勝仗。

也正是他在位時期，抗倭名將戚繼光北調薊州，加強北部邊防。另一位後來的名將李成梁，也正是在他即位的第一年被提拔為遼東總兵的。隆慶三年（1569年），他還在皇宮舉行了明王朝歷史上最盛大的閱兵儀式。明朝武備的重振，確實從他開始。

27

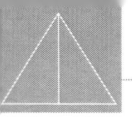

圈子・段子之大明帝國日常生活直播
各個圈子，各有段子

而在開放海外貿易方面，朱載垕的舉措，就是歷史上的「隆慶開關」。對於朱元璋的「海禁」祖制，表面上他並未違反，而是在福建月港開設「經濟特區」，允許沿海商民經此地出海貿易。之後的幾十年裡，福建月港迅猛發展，號稱「天子東南銀庫」。更直接的世界意義是：西方歷史學家認定，從那以後直到明朝滅亡，世界上三分之一的白銀都讓中國賺走了。月港，在歐洲商人的說法裡也有了個綽號：銀泵。

躁脾氣海瑞

朱載垕經濟改革的突破口，放在了富庶的應天地區。代表性事件，便是任命大名鼎鼎的直臣海瑞就任應天巡撫。而後，便鬧出了著名的「海瑞罷官」風波。海瑞到任後，在當地遏制兼併，懲辦豪強，興修水利，推行新政，連退休閣老徐階也被整得七葷八素，也終於鬧得朝野震動。

但對這事，朱載垕卻採取了理性的處理措施：既下詔表彰海瑞，支持了海瑞的新政改革，又以調任海瑞做南京糧儲的方式，及時叫停了海瑞的過激行為，確保了地方穩定。但海瑞本人卻氣炸了，不但辭官抗議，還上了一份奏摺，指責朝野官員「皆婦人也」。

面對如此激烈的攻擊，首輔李春芳哭笑不得，不由自嘲說：「那我應該是個老太婆吧。」朱載垕得知此事後，也順帶調侃了下李春芳：國事艱難，你這個老媽子可辛苦了。

我可不學爹

朱載垕經常被言官批評不幹活。他執政的六年裡，明朝政壇的主要景象，就是官員之間拉幫結派，相互爭鬥。但對這個問題，朱載垕不是不知道，一次他詢問張居正說：聽說現在朝中有很多黨，你是屬於哪個黨啊？張居正答：君子不黨，讓他們吵去吧。

朱載垕聽了很高興，也大手一揮：對，讓他們吵去。隆慶四年（1570 年），長期侵擾明朝邊境的韃靼可汗阿勒坦，和明朝商談「封貢和議」，也就是明朝冊封阿勒坦，雙方開放貿易，停止戰爭。

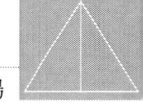

帝王生活現場

這個決策當時在明朝朝野引起震盪，支持派和反對派吵成一團，大臣們請朱載垕來拿主意，朱載垕答：你們商量著辦吧，商量好了報給我。我可不想學先帝（朱厚熜），天天幹活還挨罵。

皇上有點懶

仁厚皇帝朱載垕，最讓大臣們詬病的缺點，便是「懶」。一是常曠職，動不動就下旨「免朝」，也就是歇班。二是上班後常偷懶，坐朝的時候常「臨朝淵默」「未嘗發言」，也就是發愣犯呆。

照著《國榷》裡的評價說：朱載垕和他爹最大的區別，就是他爹（嘉靖帝）雖說不上朝，但擅長拿捏群臣，鬧得大家即使見不到皇帝，也常緊張兮兮。朱載垕卻是即使上朝也常發呆走神，大臣們反而精神放鬆。

但比起上班來，朱載垕的業餘生活，卻是十分豐富多彩，一是喜歡收集奇珍異寶，而且各地上貢的珠寶，他還喜歡親自查驗鑒定，辨別真偽，還曾因為鑒定珠寶不合格，罰了戶部官員半年工資。二是好色，除了密集寵幸嬪妃外，還多次在民間大選秀女，甚至鬧出了「詐騙事件」：一個叫張進朝的太監，在湖北某地詐稱替朱載垕選秀女，嚇得當地百姓紛紛嫁女。該太監藉機大肆斂財，整整兩個月，共詐騙白銀十八萬兩，折合新台幣三億多。

師徒情義深

朱載垕最信任的人，當屬內閣大學士高拱。高拱在他做裕王時期，就曾是他王府裡的講官，二人建立了極深厚的感情。他登基為帝初期，高拱在徐階的排擠下一度罷官回鄉，朱載垕還特意派最親信的宦官隨行護送，一路照料高拱的飲食起居。

一年後高拱復職，每逢疑難大事的時候，只要高拱來了，愁眉不展的朱載垕就一定會喜笑顏開。他經常說的一句話就是：我相信先生（高拱）一定會有辦法的。

隆慶六年（1572年）正月，身染沉疴的朱載垕召見兩位輔政大臣——高拱與張居正。面對病入膏肓的皇帝，兩位大臣號啕大哭，但朱載垕卻特意把

29

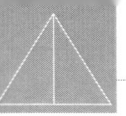

圈子・段子之大明帝國日常生活直播
各個圈子，各有段子

高拱叫到身旁，張開手臂對高拱苦笑說：先生你看，我身上的創傷，一直都沒有落疤呢。然後朱載垕強撐病體，帶著兩位大臣巡視乾清宮，整個一路，張居正在後面跟著，而高拱則挽著朱載垕的手走在前面。

回到寢宮前，按照慣例，皇帝應該休息，大臣應該告退，然而張居正告退了，朱載垕卻依然拉住高拱的手不放，對高拱說了句「送朕」，說此話的時候，君臣二人都眼含熱淚。中國歷史上，這是一對難得的心心相知終生的君臣。

最得百姓心

朱厚熜和朱載垕父子，他們執政的成就，從他們過世時百官以及民間的態度就可看出。朱厚熜過世時，按照明朝人筆記裡的說法，民間百姓，居然還有自發放爆竹慶祝的。而朱載垕則不然，噩耗傳來的時候，許多大臣都哭得稀里嘩啦。高拱在聆聽遺詔的時候，當場就放聲大哭，完事後走到宮門外，又忍不住大聲號啕起來。曾經寫奏摺罵過他的言官詹仰庇，在家哭到昏厥。河北肅寧縣的百姓們，在他登基初期，曾經由他下旨，發還了被宦官侵占的土地。在他死訊傳來時，肅寧當地官民百姓向朝廷上奏，要求為他立廟紀念。並說噩耗傳來時，家家都啼哭不已。

這位被後人認為軟弱的皇帝卻頗得民心。

萬曆皇帝嘴巴甜

童年時候的萬曆皇帝朱翊鈞，是個極其早慧的孩子。他被立為太子，是在隆慶二年（1568年）。那年有一日，其父朱載垕在皇宮裡騎馬，六歲的他看到了，立刻大喊：父皇是天下之主，慢著點，別摔著。

就這一句話，令朱載垕當場心花怒放，下馬跑過來，把他摟在懷裡拚命地親。幾天之後，他就被正式冊立為太子。

他的母親李氏，並非朱載垕的正房，他做太子後，後宮之主是沒有子嗣的陳皇后。每次他探望陳皇后時，說話都極為乖巧，深得陳皇后歡心。後來每當他來看望皇后，陳皇后就算生著病，也拖著病體來見他。

30

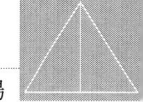

帝王生活現場

我想死師父您了

朱翊鈞和他的首輔大臣張居正,也曾有一段師徒情深時期。朱翊鈞在位的前九年,幾乎每年都對張居正的父母厚加賞賜,在跟隨張居正讀書時,對張居正也同樣畢恭畢敬,禮遇有加。

有一件小事也說明了他與張居正當時的親密感情。一次張居正犯了腹痛病,朱翊鈞聞訊後,親自下廚做了一碗辣麵,並且特意囑咐送面的大學士呂調陽,一定要親眼看著張居正吃下去。張居正病體痊癒,重新回來「上班」時,喜得朱翊鈞直接從龍椅上蹦起來,拉著張居正的手說:可想死我了,想死我了。

你要幫我做個證

朱翊鈞執政時期,最為人詬病的,就是他的懶惰怠政。不但後世史家多有批評,當時的官員也常有彈劾,而事實是,朱翊鈞本人也十分在意這個評價。

就在他過世的萬曆四十八年(1620年)三月開初的時候,他特意召見內閣首輔方從哲,先討論了一下國家大事,然後就絮絮叨叨地訴苦,說自從薩爾滸兵敗以來,他日夜憂心,以至於積勞成疾,經常拉肚子,腳部也浮腫,坐著都困難。

怕方從哲不信,他還擼起袖子給方從哲看,說不信你看看我手臂,都瘦成什麼樣了。方從哲一邊聽,卻也不敢說話,最後朱翊鈞還當著方從哲的面,特意囑咐身邊的司禮監太監:我每天都是怎麼勤奮工作的,你要詳細說給方大人聽。

莫欺萬曆不上朝

親政後的朱翊鈞,最出名的事,是幾十年不上朝。但即使不上朝,國家大事他也不糊塗,最大的本事就是會用人。群臣曾建議從朝廷大臣裡選派封疆大吏,卻被他一頓批,說沒上過戰場的京官怎麼能戍邊?甚至還曾下令,只要是人才,可以破格越級提拔。

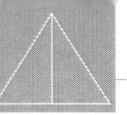

圈子‧段子之大明帝國日常生活直播

各個圈子，各有段子

後來在青海立下邊功的鄭洛，便來自他的慧眼識英才。而且一旦決定用誰，朱翊鈞的態度便十分堅定，哪怕周圍各種構陷彈劾，也從不為所動。

他任命李如松提督遼東，任命徐貞明開墾京郊農田，都招來反對聲一片，彈劾奏章滿天飛。朱翊鈞卻從不動搖，相關彈劾一律壓住：天塌下來朕頂著，你就給我放心做事。事實證明，他都對了。

甚至連民生細節問題，朱翊鈞也很明白。內閣大臣們曾奏請在京城開發水田，各位臣子們妙「口」生花，把開發水田的美好前景說得天花亂墜。朱翊鈞耐著性子聽半天，最後吐槽一句：南方氣候溫和，北方氣候乾燥，要是碰上乾旱，水田怎麼辦？就這一句話，令各位「能臣」頓時啞火，一場開發鬧劇也就及時叫停。

藝術大師朱由校

天啟皇帝朱由校，公認的一個綽號便是「木匠皇帝」。照著後世民間的通俗說法，這皇帝不理朝政，就喜歡幹木匠活。

「不理朝政」這條有待商榷，但無可爭議的卻是天啟皇帝在木匠行業裡無與倫比的工藝水平。他曾經動腦筋，照著同時期太監劉若愚的《酌中志》，把大木桶改裝成人工噴泉，場面非常華麗。

他還曾經親自設計出一種全自動折疊床，不但重量極輕，抬舉輕便，而且裡面有機關，可以用機關操縱隨意折疊，堪稱 17 世紀的「變形金剛」。而且皇宮裡諸如油漆、打磨等各類活計，天啟皇帝更是親自上陣，全程參與。

對於他的工藝水平，人民群眾也特別買單：他曾命太監徐元文把他的木工產品拿到京城工藝品市場匿名出售，一下子引起轟動，有的產品居然賣到了三萬兩白銀的高價。

朕其實全都明白

朱由校在位時期最著名的事件，便是宦官魏忠賢專權。後人說起魏忠賢幹過的壞事，常說他「矯旨」，也就是說，他幹的壞事，全是假借天啟皇帝朱由校的名義做的。然而天啟七年（1627 年），就是朱由校病逝前十天，朱

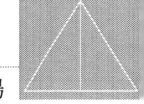

由校還強撐病體，視察內閣，並說魏忠賢做過的一切，都讓他非常高興。自始至終，他都對魏忠賢保持著絕對的信任。

亂拍馬屁倒靠山

朱由校在位僅七年，二十三歲那年就過世。關於他的死因，《明史》上認為，真正的導火線是一次遊玩。天啟七年（1627年）八月，朱由校和太監王體乾、魏忠賢等人一起乘船飲酒，突然一陣大風颳來，朱由校失足落水，後雖被救起，卻夜夜咳血不止。

這種病按照現代醫學說法，叫「肺積水」。而後，尚書霍維華進獻「神藥」，美其名曰「靈隱露」，其實就是米湯。喝了沒多久，朱由校病情加重，全身起了水腫。

八月十一日朱由校召弟弟朱由檢進宮，遺言說：弟弟啊，你一定要做個像堯舜一樣的聖君啊。而後病逝。按照《起居注》的記載，朱由校患病的這些天裡，除了「神藥」外，從來沒有服用過太醫的藥方。換句話說，他是被耽誤死的。

進獻「神藥」的霍維華，是閹黨魏忠賢的鐵桿親信，他也許沒想到，正是自己的亂拍馬屁，毀掉了他們的最大靠山。

「名偵探」崇禎

崇禎帝朱由檢公認的缺點，就是猜忌大臣，事實上他不止猜忌大臣，他幾乎猜忌所有人，包括與他朝夕相處的老婆。

《明實錄》記載，一次，朱由檢極其寵愛的田貴妃，為朱由檢演奏了一首小曲，樂得朱由檢心花怒放，但隨後朱由檢臉色突然陰沉，然後很認真地問：你彈小曲的本事是跟誰學的？田貴妃答：我媽。朱由檢立刻說：那就請你媽明天也來宮裡彈一曲吧。

第二天，田媽媽真來宮裡演奏了一曲，朱由檢這才高興起來。原來，田貴妃是揚州人，朱由檢從田貴妃會彈小曲，就懷疑田貴妃有可能是出身揚州

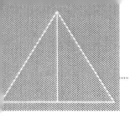

圈子・段子之大明帝國日常生活直播

各個圈子，各有段子

青樓的妓女。放在今天，朱由檢很適合做一位優秀的推理小說家或者是私家偵探。

翻臉像翻書

朱由檢用人，一個突出的特點是，他信任大臣的時候是真信任，簡直要什麼給什麼，但翻臉也往往比翻書快，而且讓他翻臉的，也經常是一些小事。

比如在與農民軍作戰中功勞卓著的盧象升，原本極被崇禎信任，盧象升行軍打仗時，崇禎多次派太監向他賞賜衣物、御酒，盧象升後來就任宣大總督後，朱由檢還曾寫詔書，下令全國的「軍區」都向盧象升學習。盧象升也不負所望，多年以來他作戰勇猛，多次擊敗農民軍，為明王朝穩住了局勢。

但是崇禎與他翻臉，卻只因他一句話。崇禎十一年（1638 年），清軍破關南下，兵臨北京，盧象升受命統軍抗敵。當時朱由檢有了和清廷議和之心，本想和盧象升商議，但盧象升回答：我只知道帶兵打仗，這類事我不摻和。

就這一句話惹惱了崇禎，不但扣下了該撥給他的兵馬，更派太監掣肘。結果孤立無援的盧象升，僅帶五千兵馬與清朝數萬八旗軍血戰鉅鹿，最後壯烈殉國。

另一位曾經打得李自成只剩下十八人，並活捉農民軍首領高迎祥的孫傳庭，更因小事得罪崇禎，不但遭下牢獄，甚至被折磨至耳聾。歷代帝王，最過分的事情莫過於卸磨殺驢，朱由檢的做法卻是──磨還沒拉完，就先殺驢。

貪腐反不動

初登基的時候，崇禎熱火朝天，打算掀起一場**轟轟**烈烈的「反貪風暴」。崇禎元年十一月，戶科給事中韓一良上《勸廉懲貪疏》，揭發了當時官場貪腐橫行的景象。崇禎閱後十分高興，將韓一良提拔為吏部尚書。

這位韓一良先生，家裡窮得叮噹響，更因為拒絕行賄，科舉的時候屢遭打擊，考了五次才中進士。天啟年間，更因拒絕巴結魏忠賢遭到打壓。這樣一個廉政模範，站出來抨擊貪腐，在一心想整頓官場的崇禎看來，恰是最好人選。

34

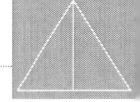

帝王生活現場

誰知事與願違，韓一良的奏疏上去，就引得「官憤沸騰」，連韓一良本人也害怕了。而後崇禎親切接見韓一良，鼓勵他指證朝中的貪腐分子。此君吭哧了好幾回，卻連個子丑寅卯都沒指出來，氣得崇禎只能讓他罷官了事。一場本來熱火朝天的「反貪運動」，就這樣不了了之。

到底有多腐敗

崇禎一輩子最恨腐敗，可是他至死也想不到，他曾經無比信任的那群大臣們，究竟有多腐敗。僅說他最後信任的幾位大學士：內閣首輔陳演，平日奏對的時候最討他喜歡，幾乎每句話都能說到他心坎裡。可是李自成攻陷北京後，此君帶頭投降，一口氣給農民軍送了四萬兩白銀，引發了農民軍將士們的濃厚興趣，接著就是一頓追贓拷打，才發現他家宅的地下，埋的全是白銀。

另一位內閣大學士魏藻德，以文采和辯論著稱，是崇禎十三年的狀元郎。崇禎曾經下令百官捐錢助餉，魏藻德指天指地發誓，說自己為官清廉，家裡真沒什麼錢，還真個把崇禎感動了，鬧得「助餉」運動草草收場。但李自成打進來後，可就沒這麼容易感動。早先他為了向李自成表忠心，義正詞嚴地當著農民軍面大罵崇禎無道，結果李自成手下大將劉宗敏上來就抽他一頓大嘴巴：你當三年官就升了首輔，崇禎有什麼對不起你的，你竟敢說他無道？而後又是一頓嚴刑拷打，竟逼他交出了好幾萬兩白銀，最後被打死在獄中。臨終前他悲愴高呼：我之前沒有對崇禎皇帝盡忠，才有了今天的下場，真是後悔也晚了啊。

反腐抓錯人

隨著時間的推移，官場的貪腐風氣，讓崇禎越發恨得咬牙切齒。

崇禎十三年，他問大學士薛國觀：怎麼懲治腐敗？薛國觀回答說：如果廠衛特務能加強監控，誰還敢腐敗？崇禎拍案叫絕：好主意。

而後雷厲風行，東廠錦衣衛大批出動，密切監視文武百官，效果也立竿見影：戶部尚書孫居相因為私人信件中有「國事日非」四個字，立刻被逮捕

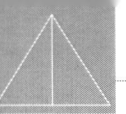

圈子・段子之大明帝國日常生活直播
各個圈子，各有段子

流放；左都御史劉宗周反對這種特務行徑，也被革職為民；行人司副熊開元因為言語觸怒崇禎，更被錦衣衛逮捕下獄。

但這幾位落馬官員其實都是冤枉的：孫居相在萬曆年間就出任知縣，治理地方頗有政績，天啟至崇禎年間多次出任都察院和戶部等各類官職，以忠誠幹練著稱。劉宗周是一代儒學大師，為人更剛正不阿，南明時代殉國於抗清戰爭中。熊開元早年擔任崇明知縣時，就以廉潔奉公出名，後來南明覆亡，他寧願出家為僧隱居，也絕不效忠清王朝。一心反貪的崇禎，一口氣把幾位模範樣板都「反」掉了。

徵了多少錢

整個執政生涯裡，崇禎都缺錢，後人詬病極多的，便是明末的橫徵暴斂，鬧得各地揭竿而起。其實有名的「遼餉」，在之前的天啟年間雖然成為常賦，但並未加徵，相反明朝還曾多次減免各地錢糧。

但崇禎三年起，崇禎下令增加「遼餉」，數額提升了三成。然後崇禎十年，又開徵「剿餉」，包括每畝田賦加糧六合，外加裁撤驛站節省的銀兩，總計二百八十萬兩。崇禎十二年又加「練餉」，全國田土每畝加賦銀一分，總計七百三十萬兩。這三筆賦稅，便是後世公認的明末老百姓的沉重負擔：「三餉」。

其實崇禎自己也明白，稅徵多了老百姓受不了。崇禎十年他還特意下詔書解釋，說大家就苦這一年。結果戰事越來越惡化，後幾年越徵越多，大家也就繼續苦下去。但崇禎不明白的是，這賦稅重不重，關鍵不在帳面數字，而是所有的錢，都只是一群人在買單：農民。

眼光有問題

崇禎自盡前的遺言之一，就是「諸臣誤我」，但崇禎也許不知道這些事情：

被他認為「抗敵不力」的盧象升，壯烈戰死在鉅鹿。

被他下獄迫害到耳聾的孫傳庭，戰敗後慷慨自盡，為大明盡忠。

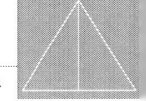

被他趕回家的劉宗周，最後率領一支民團，抗擊清軍南下，被俘後英勇就義。幾乎所有在明末清初慷慨就義的忠臣，都是他對不起的人。

而他高官厚祿恩養到最後的大臣們，大學士魏藻德等人最早賣身投靠；薊遼總督洪承疇，在松錦會戰失敗後投降，而遠在北京的崇禎，居然認為洪承疇已經殉難了，還隆重舉行儀式表彰。最後陪他上吊的，僅有一個宦官王承恩。

君王死社稷

崇禎帝朱由檢在煤山上吊後，李自成驗看他的屍身，發現崇禎外面穿龍袍，裡面的衣服卻儘是補丁。他死前的遺言，除了指責百官誤國外，更告訴李自成，「一切都是我的錯，不要傷害百姓」。

而在他死後第三天，也就是1644年3月25日，北京東華門外數千百姓啼哭，請求李自成厚葬崇禎。最後李自成按照帝王禮節操辦了崇禎的葬禮。

葬禮之上，朱由檢原先的重臣們，只敢遠遠觀望，沒有一個敢靠近的，唯一一個給朱由檢哭葬的，只有兵部主事（六品小官）劉養貞。如此種種，皆讓勝利者李自成嗟嘆不已，以至於他登基後的詔書裡還特意說：崇禎皇帝朱由檢並不是一個昏君，即使他被所有的大臣孤立，依然做了許多好事。

明朝好公務員生活報告

功臣都惹不起的知府

朱元璋年代的地方官，十分難做。且不說戰亂過後，百業凋敝，工作壓力極大。外加明初功臣多跋扈，勳貴子弟作惡不斷。而在這時期，偏也有個強硬的知府：臨淄知府歐陽銘。

常遇春北伐的時候，大軍路過臨淄，士兵們在當地大肆打砸搶燒，禍害地方。歐陽銘聞訊後，立刻率領衙差，將鬧事士兵當場杖責。這下可捅了馬蜂窩，常遇春聞訊後殺氣騰騰趕來，大刀電影橫在歐陽銘面前。歐陽銘卻全

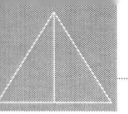

然不懼，憤然怒斥說：你的軍隊是皇上的軍隊，我的老百姓也是皇上的子女，老百姓打人都要治罪，我打你的兵有什麼錯？

一番慷慨陳詞，最後竟逼得常遇春當場謝罪。後來徐國公徐達也路過臨淄，行前特意告誡士兵們說：臨淄那個知府，是當初打了常遇春的，你們都給我老實點，犯到他手裡我也沒辦法。

哪都能治理好的費震

在朱元璋執政早期，明王朝還有一位公認的「最厲害地方官」——費震。他的特點是：哪裡最窮最亂，就把他派到哪裡，而他也總能把那些最窮最亂的地方治理成欣欣向榮的樂土。

而他的工作方式，一是善於發現細節。比如他就任陝西參政的時候，剛到任就碰到了土匪侵擾，把官倉糧食給搶奪一空，可他卻一不追查二不剿滅，相反發佈公文，規定凡是借官倉糧食的百姓，可以分兩年還清。結果佈告剛下，土匪們就來自首了。事後費震解釋：這群土匪只搶糧食不搶錢，顯然是沒有飯吃的百姓。

二是他比較會創新。他是中國官場上第一個創造「義務勞動」規定的官員，凡是他擔任地方官的府衙，衙門官吏除了日常工作外，每個月還都有定額任務，必須要給當地的孤寡百姓完成規定時間的義務勞動。他在朱元璋執政年代，一共做了十二年官，但這十二年裡，他幾乎跑遍了中國所有的省份——哪裡鬧災，就派他到哪裡去。

不怕錦衣衛的許成

永樂皇帝朱棣，「靖難」奪權後的一大劣跡，便是用極殘酷手段，屠戮建文帝時代的大臣，但他有時候也很仁慈——仁慈地殺。

比如對駙馬梅殷。梅殷是明朝開國功臣梅思祖的兒子，朱元璋的女兒興國公主的老公。朱棣打到南京的時候，梅殷正奉朱允炆之命，帶兵鎮守淮安，聞聽京城告急，立刻率兵往回趕，等趕到京城的時候，卻正好趕上朱棣占領南京，登上皇位。對待這個手握重兵的梅殷的威脅，朱棣拿興國公主做要挾，

明朝好公務員生活報告

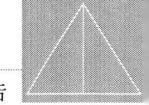

由興國公主寫信勸梅殷投降。梅殷閱信後大哭一場，為家小安危，又聽說朱允炆已死，只得違心就範。

梅殷歸京後，朱棣親自迎接，很溫馨地說：「駙馬辛苦了。」梅殷卻不軟不硬地回答說：「我沒建什麼功勞，談什麼辛苦。」就這一句話，令朱棣殺心大起。三年以後，一次梅殷入朝開會，被都督譚深與錦衣衛指揮使趙曦，攔路毆打並推入水中淹死，對外卻宣稱梅殷「失足落水」。

不巧的是，恰有一個叫許成的都督同知親眼目睹了案發經過，雖明知這其中大有隱情，但剛直的許成依然在上朝的時候原原本本地向朱棣陳述了梅殷之死的經過。一時間朝野嘩然，梅殷的妻子興國公主，更天天跑到宮裡哭鬧，要朱棣還他丈夫。

被吵得頭大的朱棣，只得下旨處斬譚、趙二人，並給梅殷的兩個兒子加官進爵，這才平息此事。值得一提的是，仗義執言的許成，不但沒有受到朱棣的責罰，相反此後還成為他的親信部將，朱棣後來三次遠征漠北，他皆有參加。朱棣過世後，他受命隨同侯爵陳懋帶兵提前回京，確保了明仁宗順利接班。

清貧盡職的帳房先生

作為整個永樂盛世的帳房先生——戶部尚書夏原吉，曾是個差點被朱棣砍了腦袋的人。「靖難之役」的時候，夏原吉曾做過朱允炆的「採訪使」，盡心竭力為朱允炆籌措糧草，朱棣占領南京後，他被人綁了送到朱棣面前。朱棣問他知罪嗎？夏原吉慨然回答說：臣知罪，但是戶部還有些帳目沒算完，您就是真要殺我，也等我把工作幹完行嗎？就這一句話，朱棣立刻赦免了夏原吉，更隨後委以他重任。

除了善於理財，主持了永樂時代幾次重要的經濟改革外，夏原吉得到的最主要評價，就是「古大臣風烈」，也就是道德高尚。他的為人極其厚道，平江伯陳宣看他不順眼，經常在朱棣面前說他壞話，但是夏原吉卻反而經常讚揚陳宣的才能。他有一次在家辦公，僕人不小心把文件弄濕了，這在明朝是死罪。本來可以處置僕人的夏原吉，反而自己去找朱棣請罪。

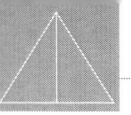

他最被人稱道的就是清廉，永樂十九年（1421年），朱棣圖謀第三次北征蒙古，而夏原吉卻竭力反對，他的理由是國家沒錢。盛怒的朱棣當場將他下獄，並下令抄他的家，結果在他的家中，不但沒找到金銀財寶，反而只有幾件破布衣服和瓦器，生活極其窮困，朱棣聞訊後，也感嘆不已。

最好脾氣的厚道閣老

明初最強大的文臣執政團隊，當屬「仁宣之治」時期的「三楊內閣」：楊榮、楊溥、楊士奇。三位高人中最好脾氣的，當屬楊溥。

他最出名的，就是他的淡定。早在朱棣登基早期，他就是太子朱高熾的東宮洗馬，老資格的太子近臣。朱高煦搆陷朱高熾時，楊溥受到株連，在朱棣時代足足蹲了十年牢獄。但楊溥本人卻極其平靜，別人在監獄裡生不如死，他卻天天在裡面讀書，而且絲毫不以為苦。

仁宣時代，他雖然是內閣重臣，最為後人稱道的，卻是他的廉潔。一次他的兒子從家鄉來探訪他，楊溥問兒子：一路上有哪個地方官沒有隆重接待你。兒子回答說：江陵知縣對我的接待非常簡單。楊溥得知後不但不惱，反而推薦這位知縣出任知府。

列寧點名的經濟學家

而在明朝15世紀下半葉的諸多政治人物中，有一個人，雖然在歷史上的評價同樣毀譽參半，但他身後的名聲，卻遠遠超越生前。前蘇聯革命家列寧，給予了他一個至高無上的評價──人類15世紀的經濟學家。

而清末維新變法領袖梁啟超，一次和某外國學者大談重商主義時，曾很自信地拿出這個人的書，對對方說：你們西方近代的經濟理論，這個人的書裡早就提出來了。這本書的名字，叫《大學衍義補》，這本書的作者，就是明朝成化、弘治兩朝名臣丘濬，他的創舉在於他書中的一句話──食貨者，生民之根本也。也就是說，商品經濟是國民經濟的根本。在封建社會，這是世界上最早的重商主義理論。

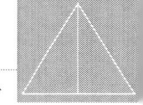

而丘浚為官，不但在經濟思想上建樹頗多，也同樣有極重的「家鄉情結」。一次丘浚與明孝宗下棋，邊下邊喃喃自語：將軍，海南錢糧減三分。明孝宗覺得有趣，就跟著念了一遍。剛唸完，就見丘浚翻身跪倒，高呼萬歲：臣謝皇上，今年海南的錢糧咱就減三分？

堅持尊崇祖制的徐溥

明孝宗朱祐樘的內閣首輔徐溥，算是中國歷史上最喜歡做自我批評的官員了。他每天晚上睡覺前的習慣，就是給自己做自我檢討，回憶自己當天做了哪些好事、壞事，如果做了一件好事，就給自己左邊的筐子裡放一顆紅豆，如果做了一件壞事，就給自己右邊的筐子裡放一顆黑豆。這個習慣從他年輕時讀書開始，一直保持到他過世。

但徐溥的長處，卻不止是擺樣子，而是真實幹。後來他年老體衰，退休回鄉。那時他有嚴重失眠，一點動靜就睡不著，家鄉官員知道後，為保證老大人睡得香甜，就把他家宅門口的大路給「交通管制」了。徐溥知道後把地方官叫來一頓罵，怎麼改的又重新改回來。明孝宗給他的賞賜，一半他拿出來辦教育，設立學堂專教貧家孩子讀書，一半買了條船，在河邊僱人每天義務載人過河。此規矩從此徐家傳承了幾百年，便是當地有名的「徐氏義渡」。一個人最難的是一輩子做好事，他真做到了。

好人徐溥做首輔期間，眾所周知的口頭禪就是兩個字：祖制。在徐溥眼裡，凡是朱元璋制定的政策都是好的，凡是朱元璋制定的政策都是對的。當時明朝財政吃緊，戶部尚書葉淇力主實行「開中法」，但徐溥認為這事違背朱元璋的偉大精神，拚命地反對。可是明孝宗力挺改革，徐溥反對無效，只能一直憋氣。後來開中法順利推廣，朝廷增收，商業繁榮，可利益受損的權貴不滿，造謠葉淇受賄，關鍵時刻，竟是徐溥挺身而出，證明了葉淇的清白。再後來葉淇退休回鄉，腰包卻羞澀，徐溥慷慨解囊，二人在城外依依惜別，誰知葉淇的馬車剛開動，徐溥又急匆匆地追上來，拉著葉淇的手認真地說：雖然你退休了，話我一定要說，你的改革我依然認為是錯誤的。

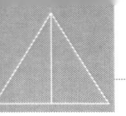

圈子・段子之大明帝國日常生活直播
各個圈子，各有段子

更大的荒唐事，卻是弘治五年（1492年）黃河發大水，中原大地盡成汪洋，兵部尚書白昂受命治水，在中原治水結束之後，白昂提議，為防止黃河在淮河流域決口，建議朝廷在山東地區加挖河道，以收分洪之效。但是作為首輔的徐溥堅決反對，他認為這種辦法既勞民傷財，也沒有實際作用，最重要的是，當年朱元璋都沒這麼修過。就如他質問白昂的話：從朱元璋時代開始，有你這麼修黃河的嗎？結果兩年以後，正如白昂所料，黃河又在淮水流域決口，京杭大運河都被阻斷，害得明王朝只好派遣劉大夏再修黃河，做了無用功。《明經世文編》裡就嘆息，當初明朝要是聽了白昂的，就不用這麼折騰了。

「八虎」中的好標竿高鳳

在明武宗朱厚照在位的早期，以劉瑾為首的宦官「八虎」把持朝政，然而這八位被後人罵做「權奸」的宦官，卻也不能一概而論。

「八虎」之中的高鳳，就是以嚴謹治學著稱的，他是朱厚照做太子時候的伴讀太監，對朱厚照的學習盯得非常緊。即使是抨擊朱厚照寵信太監的文官們，也多有人稱讚他「敦厚職守」。在朱厚照登基早期，群臣們要求他罷黜宦官的時候，高鳳最早提出來向文官們求和，主動隱退。

劉瑾得勢後，宦官們皆雞犬升天，卻唯獨高鳳，不斷地向朱厚照請求辭職。他死於正德四年（1509年），當時不但得到明王朝的隆重追悼，大學士李東陽還主動為他寫墓誌銘。

海瑞背後的兩個男人

作為明朝中後期傑出的清官海瑞，他能夠以剛直的品質浮沉官場，歷經數次政治迫害而不死，除了他自己堅強的品特別，也同樣因為當時明朝許多重臣的庇護。眾所周知的，是海瑞在朱厚熜時代，上書抨擊朱厚熜的亂政，在內閣首輔徐階的庇護下才得以保住性命。

而在此之前，海瑞還得到過另一個政治人物的保護。他擔任淳安知縣的時候，曾經因拒絕行賄，得罪了嚴嵩的親信鄢懋卿，事後鄢懋卿本打算羅織

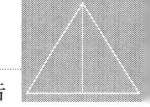

罪名，將他革職。但關鍵時刻，時任刑部尚書的朱衡出面相救，才幫海瑞保住官職，否則當時就罷官的海瑞，也鬧不出他後來的動靜了。

讓海瑞都感動的清臣

海瑞因為上書斥責嘉靖帝朱厚熜被下獄，關押詔獄期間，幫助過他的，還有一位特殊的小人物——一位蘇州籍的獄卒。

海瑞入獄期間，他因敬佩海瑞的人品，對海瑞照料備至。後來海瑞就任應天巡撫，還特意去他的家鄉拜訪他，但他聞聽海瑞前來，立刻帶著妻兒老小躲出去了。鄉鄰們問他為什麼，他答：如果我見了海大人，你們一定會托我求海大人辦事，如果我答應你們，就壞了海大人的名聲，更壞了我當初照料海大人的初衷；如果不答應你們，就得罪了你們，所以我還是躲出去好。

聞聽此事的海瑞慨嘆說：我一直以為我自己鐵面無私，其實還差得遠啊。這位獄卒的姓名，明朝各類筆記的說法各異，但是透過這則普通的故事，我們可以看到的卻是兩位知音拋卻了利益的純真友誼。

為政敵平反的鄒元標

萬曆晚期東林黨的崛起，在後來的天啟、崇禎兩朝中扮演了重要角色，而在萬曆死後，隨著明光宗和明熹宗的即位，東林黨一度執掌大權，而他們做的第一件事，就是了結了朱翊鈞時代的一樁舊案——平反張居正。

明朝天啟二年（1622年），經諸多大臣堅持，明王朝恢復了張居正的名聲，並給予撫卹。主持這件事的人，就是東林黨大佬，在萬曆五年張居正「奪情事件」中，因抨擊張居正而被打得死去活來的鄒元標。別人曾問他為什麼這樣，鄒元標的回答是：當年我批他，是盡我作為一個官員的本分，直到今天，我才知道他有多不容易。經過四十年的時間，他終於理解了張居正。

就事論事的禮部尚書

在張居正家人遭清算的時候，滿朝文武要麼跟風，要麼緘口不言。最早為張居正家小說話的，居然是張居正的敵人——禮部尚書于慎行。

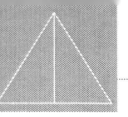

張居正當權時代，于慎行是出名的「倒張英雄」。御史劉臺因彈劾張居正獲罪，慘遭發配流放，人人跟躲瘟疫似的躲著，唯獨于慎行不懼，大搖大擺去看望劉臺，甚至贈詩共勉。說起來，張居正還是于慎行的恩人，朱翊鈞剛登基時，于慎行只是個二十七歲的翰林院修撰，被推薦做朱翊鈞的講官，有人認為他太年輕，是張居正力排眾議，給了他這個飛黃騰達的機會。

所以後來張居正曾質問于慎行，說我對你有卓拔之恩，你為什麼要對我這樣。于慎行正色說：正是因為您對我有恩，所以我才要用這種方式規勸您，讓您不要犯錯誤。事後于慎行在張居正排擠下，不得不辭官回鄉，直到張居正過世後才得以復職。

但他復職後做的第一件事，就是寫信給正趕往湖北抄張居正家的丘橓，信中對丘橓說，張居正雖然劣跡斑斑，但是為了國家日夜操勞，他遭人罵的許多事，都是為了國事得罪了人。他當權的時候，大家懾於他的權勢，不敢規勸他的錯誤，他倒臺以後，大家又爭相指責他的錯誤，卻又不再提他的功勞。而且張居正的母親，已經八十多歲了，他的子孫們，也多是些文弱書生，即使張居正有罪，也不是他家人的罪過，您去湖北抄家，可一定要網開一面啊。

練兵各有方的名將們

晚明的衰敗，一個表現就是軍備廢弛，從明朝中後期以來，士兵在作戰中貪生怕死，甚至在惡鬥中崩潰，都是許多軍人的常態。為了應付這種局面，許多名將也有自己的辦法。

比如馬林的父親——嘉靖第一勇將馬芳，他的辦法就是設立督戰隊，全是由百步穿楊的神射騎兵組成，作戰的時候遊蕩在戰陣後，有發現主動跑的，二話不說就是一箭。

後來指揮抗倭援朝戰爭的遼東名將李成梁，他的辦法也是設督戰隊，不同的是他親自帶隊拿刀砍，有潰退的被他看見，上來當頭就是一刀。

然而按照明朝中後期文學家徐文長的記錄，最有辦法的還是抗倭名將戚繼光，他的方法就是敲鼓。他的戚家軍裡，按照不同的要求，編訂了不同的

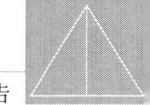

鼓點旋律，如果部隊出現潰退，就命令敲進軍鼓，鼓聲之中，士兵必然能夠重新振奮。

後來徐文長遊歷北方，在山西見到在此地任御史的好友梅如楨，說起戚繼光的辦法，梅御史好奇地問：「這辦法有沒有可能在我這裡推廣。」徐文長答，你學不來，那是人家平時苦練出來的。

血戰到底的明朝將軍

後人說起萬曆四十六年（1618年）開始的遼東戰爭，多說女真八旗神勇，明軍不堪一擊，然而從是年四月十八日，努爾哈赤以「七大恨」起兵開始，絕大多數的戰爭中，明軍同樣表現出了英勇頑強的一面。

東州之戰中，總兵張成萌率領一萬大軍，最終全軍覆沒。清河之戰中，總兵鄒儲賢也率軍抗擊到最後，與城池玉石俱焚，所部數千兵馬全部殉難。在之後的薩爾滸之戰中，杜松和劉廷兩部同樣奮戰到最後。絕大多數的明軍，都盡到了自己保家衛國的職責。

然而戰敗的原因，薩爾滸之戰前總指揮楊鎬就曾奏報說，當時遼東地區兵馬缺額嚴重，能作戰的士兵只有兩三萬人。而在薩爾滸戰後，繼任遼東經略熊廷弼也曾反思說，遼東地區的明軍，僅火器裝備這一項上，缺額就非常嚴重，許多軍隊雖然有火器，但是彈藥卻嚴重不足。遼東初期戰事的共同劇本，都是雙方對壘，明軍一度擊退敵人攻擊，但很快彈藥耗盡，明軍覆沒。準備不足加實力嚴重削弱，才是明軍失敗的真相。

最悲情的戰將盧象升

崇禎執政時代，在與農民軍作戰中功勞卓著的名將盧象升，曾經這樣形容過明朝政府軍的紀律敗壞程度：當時明朝政府軍，在戰鬥中最擅長幹的就是殺良冒功，不但經常屠殺老百姓冒充敵人首級領賞，甚至還經常挖老百姓家的墳墓，扒出新下葬的屍首，來冒充敵人的屍首。這樣的兵打仗自然不靠譜。

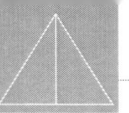

盧象升參加的第一場戰鬥中，他的部隊與農民軍一接觸，就全線崩潰，幸虧他當機立斷，立刻斬殺了幾個逃亡的士兵，並帶頭衝進敵陣，這才扭轉了戰局。盧象升自己回憶這場戰鬥也心有餘悸，他在給朋友的信裡憤憤不平地說：要不是我反應快，就被這群人害死了。

　　晚明與農民軍作戰的諸路將領裡，盧象升也是對農民軍本質看得最清楚的一個，就像他給崇禎的奏摺裡說，所謂的這些反賊，要麼是沒飯吃的老百姓，要麼就是被拖欠「薪資」的政府軍士兵。

　　這個累積斬殺農民軍數十萬的猛將，內心其實一直是非常憤懣的，就像他在奏摺裡對崇禎說，「朝廷裡的這群言官，根本不懂軍事，也不瞭解前線的情況，張口就喜歡亂罵人，我們這些辛苦打仗的，就算有打仗的辦法，又怎麼能放開手腳幹活呢？」

　　他帶兵的方法，就是以身作則，衝鋒的時候帶頭衝，沒糧食的時候，他帶頭不吃飯，用實際行動感染士兵們。最終，他戰死在抗擊清軍入侵的鉅鹿會戰中。

　　當時他受楊嗣昌陷害，兵力全被楊嗣昌調走，以兩萬殘兵獨抗十萬滿洲八旗，最終壯烈殉國。死訊傳來的時候，他曾經做過地方官的宣大地區，老百姓自發為他舉孝，對這樣一個耿耿忠臣，崇禎居然因楊嗣昌讒言，好幾年拒絕撫卹。他的遭遇，可謂晚明忠臣中的縮影。

明朝生活實錄

節儉是個道德問題

　　明初民間最主要的特點，就是節儉。照宋濂的《宋學士文集》中記錄，當時明朝人在穿鞋上，僅有「素履」和「雲履」兩種，婦女很少有首飾，就連馬車等交通工具，大街上一般也難得一見。「鄉鎮官員」下班回家，一般都是步行。在他的家鄉，一般家裡有客人上門的時候，晚上喝酒，主人只用一杯清水陪客，官場上的往來應酬，只有在極其重大的飯局上，可能才會點一份葷菜。在當時的明王朝，勤儉，不僅僅是一個經濟問題，更是一個重要

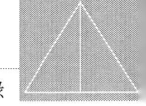

的道德問題。尤其是書院教育中，「儉以養德，安貧樂道」，更是教書先生們重點講述的內容。

穿錯衣服很要命

在明朝初期，如果穿衣服穿錯了，很可能會招來牢獄之災，甚至是殺身之禍。明初的服飾，不僅僅是一種裝飾，更是一種身份的界定。按照朱元璋親自編訂的服飾規矩：全國士民的衣冠，以唐朝衣冠為制式。士民要束髮，官員則要戴烏紗帽，用圓領袍束帶，穿黑色靴子。普通老百姓要戴四色頭巾，雜色圓領衣，不能用玄黃一類的顏色。女性方面，老百姓的妻子，允許用銀鍍金的首飾，穿淺色圓衫，綾羅綢緞。樂妓則要戴名角冠子，穿著打扮不能與良家婦女相同。在明王朝早期，穿錯衣服屬於僭越大罪。輕則杖責，重更有可能殺頭。

玄幻神話從此流行

洪武三十年（1397年），明朝《大明律》中嚴格規定：雜劇演出，絕不准在戲臺上裝扮歷代帝后、忠臣烈士，如果有違反者，將處以杖責一百的刑罰。兩年後，明王朝又明文下令，禁止普通軍民學習唱戲。如元朝關漢卿那種，作為知識分子親自登臺的景象，在早期的明王朝幾乎絕跡。而原本情節自由奔放，充滿娛樂精神的元雜劇，既要保證票房又要保證安全，從此只能排神話劇了。

明初詩人很悲慘

明朝早期的詩歌創作，在詩壇上有「吳中四傑」之說。即居住於蘇州的高啟、楊基、張羽、徐賁四人。這四個人，被當時人拿來與赫赫有名的「初唐四傑」做類比。然而論起命運，高啟被魏觀案株連遭殺害。楊基做按察使的時候被人陷害，死於強制勞動。張羽在流放嶺南的路上死於龍江水中。徐賁則因犒勞軍隊的時候犯下錯誤，被論罪處死。比起「初唐四傑」來，他們的人生更為悲苦。

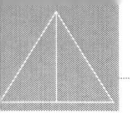

削藩削出個科學家

在朱元璋過世後，周王朱橚成了絕對的苦命人，先是建文帝在位的時候，因為他和朱棣是同母兄弟，所以受夠了恐嚇，還給嚇出毛病。後來朱棣篡位登基，要削藩也拿他開刀，挑錯把他一頓敲打。以至於身為藩王，長期健康都受影響。但這位王爺卻很自強，為了能好好活，不但夾著尾巴做人，還一門心思研究養生。

他府中的家庭醫生，是洪武時期的名醫李柏。受其影響，青年時候的朱橚即喜愛醫學，更因在民間目睹了老百姓缺醫少藥的慘狀，生出了搞醫學的願望。他一生編訂了四部醫學寶典，分別為《救荒本草》《普濟方》《袖珍方》《保生餘錄》，特別是《救荒本草》，是中國歷史上第一本專門記錄食用野生植物的專書，其中許多植物的用藥方式，更來自朱橚自己的研究成果。永樂三年（1405年），《救荒本草》開始在中國刊刻發行，不但成為明朝三百年來醫學暢銷寶典，更令兩個世紀後的一個醫生，以其為參照，寫出了一部更偉大的著作——《本草綱目》。

文學大師算個鳥

從明朝建國開始，朱元璋、朱棣、朱瞻基等帝王們，有個共同的愛好，就是給臣下寫詩示恩寵。作為回報，臣下也必須以詩回贈，以表感激涕零。這種來來往往的詩文唱和，以及以「三楊閣老」為代表的作者們，形成了眾所周知的「閣體詩」。它一度是明朝文學主旋律，但後來弘治年間的文學大家李夢陽則給出了很尖刻的評語，說這種詩歌不過逢迎拍馬，難有文人真風骨。然後，他鮮明地提出了自己的主張——文必秦漢，詩必盛唐。繼而引領「前七子」「後七子」潮流。

然而半個世紀後，李大才子不會想到，他自己也成了被嘲笑的對象。針對他的「擬古」理論，嘉靖年間大才子徐文長，說了句更尖酸刻薄的話：學秦漢盛唐，這就像鳥跟人學說話，說得再好聽，鳥也永遠是鳥。言下之意也就是：文學家李夢陽算個鳥。

明朝生活實錄

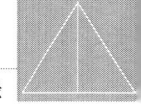

吃飯的規矩從此多

　　明英宗在位時代，是明朝民俗的一個分水嶺。顧起元《南都舊日宴集》裡記載：明英宗正統年間的時候，官場上吃飯，七八個人，也就吃四盤大菜和四盤子小菜。而且不用提前通知，都是當天定當天吃。但到了十年後的天順年間（明英宗的第二個執政時期），同樣規模的宴席，酒就已經增加到八杯了，而且禮儀也更加繁瑣，需要做東的主人提前一天邀請。再到明英宗的兒子明憲宗時代，口頭邀請已經不禮貌了，必須要鄭重其事地送請柬，發出書面邀請，才算盡到請客的禮數。

震撼朝鮮的「學霸」

　　在明英宗執政的天順朝，《罪惟錄》裡還記錄了一件鬧出國際影響力的「奇事」。明英宗復辟後的第一次科舉考試，有一個考生剛剛答好試卷，突然考場裡刮進來一陣大風，將他的考卷吹得無影無蹤。可這考生不慌不忙，又重新找了張白紙，用剩餘的時間，有條不紊地重新答了一張卷子，最後光榮上榜。然而更「雷」的事情是：年尾朝鮮國使者前來覲見，跟明英宗說了這麼一件事，有一天一張試卷突然飛到了朝鮮王宮，其卷面閃閃發光，在空中盤旋了好幾圈才落下來。請算命先生看，說這張試卷來自中國，中國將有能人出現啊！這位很神的考生，就是明朝成化、弘治兩朝，連續三次出擊韃靼，打得韃靼可汗巴圖蒙克隻身逃跑的名將王越。

「學霸」是雷劈出來的

　　這位鬧出「國際影響」的王越，其實從出生的時候，就是個很神的人。他的家鄉河南浚縣，還有這樣一則民間傳說：明朝宣德元年（1426年），有兩個公差正行在路上，突然天上一聲晴空霹靂，接著閃電轟然大作，嚇得兩人臉都白了。接著，旁邊一民居裡，走出一個興高采烈的老太太，說我家孫子生下來了，兩位是貴人，快進來喝碗麵湯吧。按照當地的說法，小孩出生的時候雷電轟鳴，必有戰神出。

49

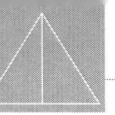

圈子‧段子之大明帝國日常生活直播

各個圈子，各有段子

這才是書畫大師

明中期書畫「吳中四家」中，文徵明、仇英、唐伯虎三人，在今天知名度較高，相對名聲比較低的，卻是其中另一位畫家沈周。事實上，他不但是一位大師級人物，更與唐伯虎和仇英皆有淵源——是他二人的師父。這位沈畫家，在那時代也是顯赫一時的人物，家裡求畫的客人天天踩破門檻。無心做畫的他，有時候就讓學生代筆應付。應付得最好的就是拜在他門下學畫的唐伯虎與仇英。按照明朝文人王鏊在《石田墓誌銘》裡的說法，當時從京城到嶺南，整天都有全國各地的客人紛至沓來，不惜一擲千金，求沈周墨寶一份。電影《唐伯虎點秋香》裡粉絲瘋狂求見唐伯虎的情景，當時其實是沈周家的常見景象。

莫欺叔叔窮

沈周另一件傳奇的事情是：他妻子陳氏的娘家侄子三郎，也跑到他門下來求畫。先前沈周無籍籍名時，這個侄子從未上過門，想到這一層，憤懣無比的沈周，雖親筆贈予了他墨寶，卻憤然在題跋上作詩一首：三郎不來拜汝姑，乞畫輒惱姑之夫。況持長卷費手腕，雨氣昧眼成模糊。說得三郎羞慚而去。多年以後，沈周的妻子病逝，三郎號哭著前來弔孝，並一字不差地背出了這首詩，感動萬分的沈周特意又贈三郎一幅墨寶。

大家一起來享受

明朝中葉的社會風俗之一，就是享受，不止是達官貴人，就連普通百姓也不例外。曾經巡撫寧夏的明朝名將楊博就曾說，即使在寧夏這樣的邊鎮地區，窮人家的女人如果不戴首飾，一樣會被人瞧不起的。而那些軍戶家庭裡，如果有誰還過著簡樸的生活，那一定會被人笑作迂腐不堪。

震驚皇帝的「韓流」

明朝成化年間，還曾發生過一次因為朝鮮入貢而引發的流行風潮。當時朝鮮使團送來的侍女們，穿著清一色的「馬尾裙」，在北京城招搖過市，很快就引起了萬人空巷。按照內閣大學士彭時的說法，先是京城裡許多勾欄場

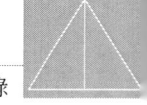

所紛紛效仿，然後有很多女子也穿著招搖過市。沒幾天的工夫，京城裡到處都能看到馬尾裙。彭時還要求朱見深下個聖旨，禁止這種情況。朱見深答：這種情況怎麼管得住啊，老百姓愛怎麼穿就怎麼穿吧。

不許亂辭職

明朝中期以後，人口流動日益頻繁，去異地「打工者」日益增多。找工作也就成了一個學問。比如在當時經濟發達的蘇州，外地人來當地找工作，並不是沒頭蒼蠅亂跑，而是先要到當地的「會館」（老鄉會）去報到，登記注冊資料，簽訂合約，然後就可以免費住在會館中。通常兩天之內，會館就會安排到工作。而如果「打工者」在接受工作一個月內就主動辭職，那後果是相當嚴重的——這輩子都別想在蘇州找到工作了。

明朝也鬧「用工荒」

明朝中期的江南，外地農民大量湧入，當時在大戶人家做傭人的，大多來自於當地湖廣、安徽一帶。萬曆年間，湖廣佈政使就曾對明王朝奏報說：現在大批農民跑到城市去打工，農村的地都沒人種，導致當地土地荒蕪，農民交農業稅，大多數都靠在城市打工的收入。長此以往後果不堪設想，希望朝廷能管管。奏摺送上去，就被萬曆留中不發了。

「炒魷魚」要講和諧

明朝中期，老闆炒員工「魷魚」，也是有講究的，並不是直接通知員工走人。比如在蘇州，一般有兩種方法，一種是在每年正月初五，按規矩要給路頭神上香，如果有哪位員工，老闆沒有通知他去上香，那意思就很明白：你被解僱了。員工也就很知趣地主動收拾包袱走人。第二種方法，就是在接完路頭神之後，要喝路頭酒。按照規矩，酒宴上，老闆要給每個員工夾菜，如果老闆夾給一個員工雞頭，或者是百葉荷肉，那意思也很明白：卷包走人吧。得到這類暗示的員工，通常都是主動辭職，而且辭職的理由也都是一個——老家有事。如此客套，其實也因中國人的傳統：莫傷和氣，買賣不成仁義在。

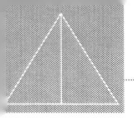

圈子・段子之大明帝國日常生活直播
各個圈子，各有段子

糟錢的藏書

明朝中後期，另一個流行的風潮，就是文化人的「藏書熱」，甚至一家父子還經常為藏書而PK，比如明朝藏書家徐與參、徐介壽父子，每年都不惜千金四處購書。到了年底的時候，這父子倆還要把自己的藏書全都曬出來，比比誰的藏書多。每到這個時候，當地四里八鄉的老百姓都要去參觀，堪稱盛事。

在藏書問題上，萬曆年間學問家王世貞也相當瘋狂，他家的藏書多達三千冊。一次他看中了一套宋版的《兩漢書》，但賣價極高，偏偏王世貞這時候手頭上不寬裕，最後王世貞一咬牙：不用再談了，我的房子送給你了！結果，他把自己新買的一套莊園，當場送給了書商，總算換來了這套心愛的書。

可更「雷人」的是，莊園送了人，可莊園裡還有他幾百套心愛的書，移交莊園之前，他重金僱人全都拉走，可一路上顛簸損毀，居然壞了十幾套，王世貞心疼的一病好幾個月。他的好友汪道昆得知後嘆息：你這是何苦來的呢？為了一套書送了房子，還弄壞了好幾套書，這買賣虧大了。

社會風氣變得快

明朝晚期民俗的演變，令明朝同時期許多老人也痛心疾首。明朝人伍袁萃說，在嘉靖以前，明朝江南地區，是以樸實厚重著稱的，士大夫們聊天，都是聊文章、國家大事之類，很少聊享樂的話題。而現在，基本都是聊遊玩、奢侈，以及怎麼打通官場關節。嘉靖以前士大夫們吃飯，最多就是多點幾個菜，而現在吃飯，拉歌姬跳舞唱歌，那都是很正常的。嘉靖以前的老百姓，每天就知道勤勤懇懇幹活，非常敬重官長，孝順老人。但這年頭的老百姓，經常鬧事不說，年輕人還大逆不道，頂撞長輩，還有人用錢買官，羞辱斯文。萬曆年間的清官海瑞，有次同僚請吃飯，叫了幾個歌女助興，他一氣之下，居然當場命人把同僚一頓暴打，理由是他「違制」。

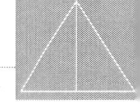

明朝的藝術家才叫拼

明朝中晚期開始的另一大熱潮，就是「戲劇熱」。侯方域的《馬伶傳》就講了這樣一個故事：當時有一家商人，邀請了兩個劇團來演同一齣劇——《鳴鳳記》，戲中的重要看點，就是劇中的主角奸臣嚴嵩。兩個劇團扮演嚴嵩的演員，分別叫李伶和馬伶。對臺戲開始後，李伶扮演的嚴嵩，一下子壓過了馬伶扮演的嚴嵩，結果觀眾們紛紛湧過去看李伶，反而把馬伶扔在一邊。演出還沒有結束，馬伶就羞愧而逃，之後一度不知所終，而李伶也因此成了南京城的頭牌演員。

三年以後，一個爆炸新聞在「票友」中傳開——馬伶回來了，還放出話來，願意和李伶再現場 PK 一次，看看誰演的嚴嵩好。一時間，幾乎全南京的「票友」雲集。這次開演後，全場幾乎都震撼了，馬伶塑造的嚴嵩，一反三年前那蒼白呆板的形象，反而塑造得活靈活現，而演出還沒進行到一半，與馬伶 PK 得李伶就服輸了，當場給馬伶跪下來叫師傅。事後大家追問馬伶，他那出神入化的表演是怎麼做到的？馬伶回答道，他離開南京後，獨自一人到北京做了「北漂」，跑到大學士顧秉謙家裡做差役。這個顧秉謙為人奸詐，時人都說不亞於嚴嵩。馬伶在顧秉謙家幹活三年，抓住一切機會觀察顧秉謙，仔細體察他的一舉一動，喜怒哀樂，最終從形似到神似，有了那驚艷全場的表現。放在今天，馬伶這樣的演員，做個大明星，恐怕也是綽綽有餘的。

金牌出版人

放在今天，福建建陽人熊大木這個名字，恐怕已被現代人所陌生。而在明朝嘉靖至萬曆年間，他卻是一個家喻戶曉的人物——金牌出版人。明朝中後期商品經濟大興，帶來的一個重要影響，就是出版業的蓬勃發展，許多以通俗話本小說為內容的出版物，在新興出版商的包裝推廣下，紛紛風靡市場，成為流傳不休的暢銷讀物。熊大木就是其中一位，他個人的身份，也是那時期大多數出版商的寫照：讀過書，出身底層官宦階層，做過生意，接近民間，並最終開設了「書坊」（出版社），並包裝推廣暢銷書，當時經他捧紅的暢

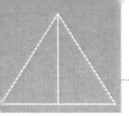

銷書，有《兩漢演義》《大宋中興演義》等，而他不只能推廣，更能原創，其本人的著作不但在明朝爆紅，更流傳至今天——《楊家將演義》。

拯救「本草綱目」

　　明朝商品經濟發達，使暢銷書的出版變得容易，一些當時看似沒有市場賣點的讀物，出版卻變得困難起來，典型如醫學家李時珍歷時二十七年寫出的醫學寶典《本草綱目》。此書的最終定稿，是在萬曆二十一年（公元1593年），李時珍已經因這本書而耗盡了全部家產，根本沒有能力將其出版。為此，他以七十六歲高齡的老邁身軀，來到當時中國出版業最為發達的南京，向當地的知名出版商們求助。但是不少出版商一看到題材就連連搖頭，認為這是本鐵定賠的書。求告無門的李時珍，最終帶著未了的心願於同年過世，留下的遺言，就是讓兒子把書獻給朝廷，以國家的力量來出版。

　　可書送上去之後，當時的明朝政府也不感興趣，把這個請求一擱置又是三年。真正挽救了這本書命運的，是此時南京城的出版大鱷胡承龍，得知消息的他，以敏銳的判斷力斷定此書必然傳世，遂於萬曆二十四年（1596年）找到李家，不惜血本將其印刷成書。不出他所料，該書在經過問世早期的冷場後，很快熱銷一時，七年後又在江西重新翻刻，從此暢銷不斷。

書生會武術

　　晚明武術推廣的另一個景象，就是知識階層的書生習武練武。晚明的文官集團中，也出了許多以精通武術而著稱的少壯士人，比如曾擔任過御史的梅之煥，在一次明朝禁軍閱兵時，面對軍將的挑釁，就曾當場彎弓搭箭，連續多箭中靶，當場把那些驕兵悍將給壓了下去。晚明的許多匡扶時局的名臣中，也有許多人以武藝嫻熟著稱，比如曾擔任宣大總督的盧象升，他個人武功精熟，擅長射箭和刀法，率軍征繳農民軍時，更時常衝在前面。他的將官，有純粹的職業武將，卻也有許多書生出身，精通武術的熱血青年。而在明朝滅亡後，文人習武的風氣，保持得最好的，卻是湖南地區的讀書人。晚清曾國藩創建湘軍時，其軍中的中層軍官，基本都是由讀書人組成，按照曾國藩

本人的說法，這些人精通武藝，也受詩書禮儀熏陶，有血氣無匪氣，因此能當大任。

一肚子苦水的太監

作為中國歷史上宦官權力較重的朝代，明朝的宦官，也成為後世研究的話題。事實上，明朝的宦官們不僅是政治上的高光人物，在民間閒談中，也往往成為關注的話題。和清朝宦官常年居於深宮中不同，明朝宦官因為往往擔負著「採辦」之類的職務，因此時常與民間接觸，老百姓對他們的瞭解，有時候也特別親近。明朝中期，北京街頭就有俗話說，這世上有三種性子的人是不能惹的，一是女人性，二是秀才性，三是太監性。更多的時候，太監們也是老百姓調侃的對象。明朝文人謝肇的筆記裡就說，每當有戲曲演出的時候，觀眾比較希望的，就是有太監們來看，那些太監們看到劇中悲慘的情節，會像女人一樣嚶嚶哭泣，也算是劇場外的一景。

太監要打爹

明朝宦官位高權重，但是他們心裡，始終藏著深深的自卑。《明史》裡就曾記錄這樣一件事：正統年間，宦官於經得到皇帝寵信。一次他爹到北京來看他，按說父子重逢是好事，沒想到於經二話不說，當場下令把他爹脫了褲子一頓打，等打完了，他又惡狠狠地問他爹：你當年好狠的心，怎麼就忍心把你兒子閹了啊。話沒說完，父子兩人抱頭痛哭。

明朝建立時，朱元璋親自主持編纂的《大明律》中，關於「剝皮」這個刑罰還有這麼一個補充規定：宦官如果娶老婆的話，同樣也要處剝皮之刑。但到了明朝中期，這規矩就給破了。到了明朝中後期，基本上有權勢的宦官，都有相好的女子。這些女子主要都來自京城坊曲裡的娼妓。許多妓女一生的盼望，就是可以被宦官看中，然後被他贖出去。之後就可以太太的身份，繼承他的家產，從此苦盡甘來。

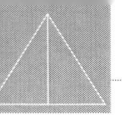

士大夫人生三部曲

　　明朝人沈德符在形容嘉靖年間明朝士大夫的人生軌跡的時候，將其分為三部曲。首先是科場登第後，第一件事是給自己取個號，比如這個齋那個齋的主人。這樣是為了炒作。第二件事就是娶小老婆，尤其是那些外地來京應試並得中的士子們，娶小老婆獨愛北京人，主要因為北京人熟門熟路，更能幫自己料理京中事務，甚至還能打通各種關節。第三件事就是買房，作為一個新登第的官員，如果為官後一年內，你還沒買新宅子，如果你做三年官以上，還沒有外宅，就算你為人再玲瓏，工作成績再突出，照樣在官場上被鄙視。

　　崇禎年間將領袁崇煥，之所以在皇太極攻北京時，幾乎成了舉國公敵，一個重要原因就是，當時清軍在外面燒殺搶掠，搶的基本都是京官們在郊區的外宅。忠心保國的袁崇煥，也就一下子招了所有官恨了。

秀才是真窮

　　民間俗話，說文人不得志的時候，往往說他們是「窮秀才」，其實相比之下，明初的秀才並不窮，而到了晚明，秀才卻是真窮。

　　晚明科舉發展的特點，就是高端化與貧富差距化，科考榜上一個名次數字的差別，就是人生的天壤之別。明朝中後期，內閣大學士都必須要有進士中的甲科資格；而舉人雖然也有做官的機會，卻基本都是不入流的小官，很難躋身高端權力場；而比舉人更低一級的秀才們，卻是更慘了，做官基本是做夢，官府給秀才發放的補助，更是常年數目不改，可社會的物價，卻早已不是當年光景。明初能買塊地的錢，晚明也就只能買頓飯。

　　明初的秀才，按照宋濂《送東陽馬生序》裡的說法，國家給予的補貼，維持生活是不成問題的，明末可就不成了。誠如吳敬梓小說《儒林外史》裡的說法，晚明秀才的生活出路，基本就是出去做私塾老師。按照明朝人耿定向的筆記，在當時，一個秀才一年必須要掙到五十兩白銀，才能維持一家人的基本生活以及自己求學的費用，而且隨著明朝學官制度的日益腐敗，學官對秀才的盤剝日重，秀才的負擔也日益增加。而形成鮮明對比的是，一個人

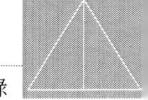

如果中了進士，哪怕做得是芝麻小官，一年的俸祿加各類灰色收入，至少也有三百兩，相差何其大。

大牌雲集的街頭群毆

晚明商品經濟發展，社會結構改變，就是閒散人員激增，這些社會閒散人員，在東南地區也有個稱呼——「青手」，即沒有正當職業，平日裡受僱於人，靠替人出頭打架為業的角頭。

這個新社會群體，初產生於明朝正德年間，發展壯大於明朝嘉靖年間，到了晚明的時候風氣極盛。這群人的來源，正史上的說法是「無家惡少」，堪稱明朝版的「古惑仔」。

這群「古惑仔」們日常的工作除了打架鬥毆詐騙錢財外，還介入了晚明的閹黨政治中，從魏忠賢專權開始，閹黨就喜歡在江南收羅打手，用以打擊東林復社等知識分子。甚至在明朝滅亡的崇禎十七年（1644年）三月，當崇禎殉難的消息傳來後，南京的官民們為崇禎舉行了盛大的祭祀儀式。就在儀式典禮上，復社等士大夫團體起草檄文，痛罵閹黨罪惡，結果閹黨們就僱傭「青手」，毆打在場的復社文人們。

誰知道復社這幫書生也不是吃素的，當場就與「青手」們開打。這些書生們很多都習練武藝，打起架來不吃虧，反而把「青手」們打得落荒而逃。值得一提的是，參加這場鬥毆的書生裡，就有後來收復臺灣的大英雄，彼時正在南京國子監讀書的鄭成功。書生們的鬥毆實力，不是一般的強。

明末的江南「青手」們，除了打人之外，後來還開闢了新職業。因明朝賦稅日重，許多百姓交不起稅，就要挨官府的板子，「青手」們瞅準商機，開設了新公司「打行」。主要的工作就是替那些沒錢交稅的百姓挨板子，按照挨板子的數量來收費，打一板子二兩白銀。

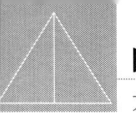

圈子・段子之大明帝國日常生活直播

大明外交報告

大明外交報告

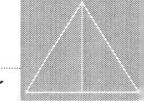

▌和朱元璋叫板，五百年祖宗家業沒了

　　大明王朝一個空前絕後的成就，便是附屬國眾多。如史書所贊「幅員之廣，遠邁漢唐」。稱臣的國家，最遠竟有非洲地區。放眼當時寰宇，小弟遍天下。

　　這其中最乖的一個，自然是朝鮮：完全承襲大明的制度，用著大明的年號，連國名都是大明賜的。從冊立世子、國王娶老婆的大事，到柴米油鹽的日常瑣事，樣樣都早請示晚匯報。逢年過節更時常走動，態度親熱得不行，照著朝鮮國王李昑的話說，中國就是俺的「父母之國」。用老百姓的話講，這真是「實在親戚」。

　　但就是這位「實在親戚」，在大明朝初建國的時候，卻是最不乖的一個小弟。當然那時他的名字，還叫高麗。

高麗的輝煌

　　高麗王朝，由原後高句麗大將王建建國於中國五代時期的公元918年。是朝鮮半島繼新羅王朝之後，第二個統一的國家政權。

　　但比起當年有大唐罩著的新羅，高麗的命運，卻十分悲催。中原王朝打成一鍋粥，找不到大哥來撐腰。身邊又碰上個東北亞當時最兇殘的軍事帝國：契丹。

　　好在高麗的歷代國王，大多都很有種。面對鼎盛時期的契丹鐵騎也不示弱。從993年到1018年，三次打退契丹數十萬大軍的瘋狂進攻，維護了民族獨立。相關可歌可泣的事跡，早被韓國人拍成了一堆暢銷劇，十分拉抬收視率。

　　但這個王朝得以生存的最重要智慧，卻是會做人。五代的時候，就和中原各主要政權通好。後來從北宋到南宋，一直親密往來。哪怕對待契丹與女

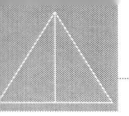

真這類兇殘敵人，手腕也靈活。打贏了以後見好就收拉關係，外交斡旋特別成功。於是遼宋夏金時代，中原王朝沒少打仗。高麗這邊，一直和平發展。

和平發展的成果，也十分驕人，中國有什麼，他們跟著拚命學。用十六年時間，雕刻成了五千萬漢字的高麗大藏經，堪稱人類佛教文化瑰寶。精美的高麗青瓷，水準直追中國尖端技術。科舉制度和儒學成果，更是大宋的微縮版，名人和佳作都極多。好些文明成就，今天還幫了韓國人吹牛：韓國人一直宣傳印刷術是他們發明的，依據便是高麗人崔允儀從中國學來的活字印刷。

幾代極具政治智慧的高麗國王，以靈活的外交手腕和積極的學習，造就了一個經濟繁榮、文明輝煌的國家。哪怕期間曾強盛一時的契丹、大宋、女真，先後灰飛煙滅。高麗這邊，依然頑強地存在。

元朝帶來的苦難

但隨著元王朝強勢崛起，高麗王朝歷史上最黑暗的歲月，也就悲慘地降臨了。

元朝欺負高麗，早在蒙古帝國時代就開始。蒙古初興的時候，就經常組團來高麗燒殺擄掠。後來又曾七次大規模征討高麗，最慘的時候，蒙古大軍所過州郡全部焚燬，死於蒙古軍鐵蹄下的高麗百姓多達二十七萬。眼看亡國在即，高麗國王王皞終於屈辱投降，並送兒子王倎去做人質。

如此悲慘局面下，高麗王室開動腦筋，再度發揚祖先會做人的光榮傳統。來到中國的王倎，很快和蒙古王子忽必烈拉上了關係，成了他極其寵愛的心腹。這番苦心沒白費：隨後忽必烈奪位成功，蒙古帝國換了招牌，變成了元王朝。高麗也得到豐厚回報，王倎被忽必烈立為高麗國王，也就是歷史上的高麗元宗。多災多難的高麗，正式拜了新大哥，總算結束了戰火紛飛的苦難。

但新的苦難卻又剛剛開始。元朝大哥實在太貪婪，除了常年對高麗耀武揚威外，遇到打仗更要橫徵暴斂。元朝征討南宋，東征日本，高麗也必須提供糧草船隻。每次都獅子大開口，成了源源不斷的沉重負擔。

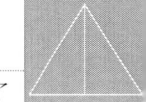

為了求個太平，高麗之後的歷代國王，也拚命繼續巴結，甚至還攀親戚：歷代的高麗國王，都必須娶蒙古女子為妻，做大元朝的駙馬。就連服裝和禮儀，也全都改成蒙古人制式，且強令全國推廣。巴結得如此徹底，連元世祖忽必烈都十分驚訝，說你們國家的禮制怎麼全廢了。

對高麗的賣力巴結，元朝也瞧不起。用忽必烈的話說是「我誓不與高麗共事。」而且自從當了駙馬後，高麗國王的私生活，也變得十分悲劇。嫁到高麗當媳婦的蒙古女子，不但生活上驕奢揮霍，為人更刁蠻凶橫，把持朝政禍害朝綱成了習慣，欺負丈夫更是家常便飯。比如高麗太宗，娶了元朝齊國公主，常年被老婆暴揍，最慘的時候，齊國公主還曾當著大臣們的面，棍棒交加把丈夫打得滿臉開花。窩囊的高麗太宗，吭都不敢吭一聲，只能事後躲在陰暗小角落裡抹眼淚。

高麗受夠了窩囊氣，但元朝的壞毛病他們卻也學得快。元代那些帶有蒙古血統的高麗國王們，也學元朝皇帝，專注國內橫徵暴斂，更喜歡遊獵玩耍，朝鮮半島上除了開發了大批供遊玩的獵場外，更大量圈占土地摧毀城池，變成專供放牧的草場。大批老百姓流離失所，淪為奴隸。之前高麗三百年的經濟文明，幾乎被摧毀殆盡。

而最令高麗屈辱的，就是除了每年給元朝送錢、送糧食外，還要大批量地送女人。高麗法律規定，本國十六歲以下的女子，都不能擅自嫁人，要先等著元朝挑選。高麗政府還有兩個特殊部門：結婚都監和寡婦處女推考別監。這兩個部門的主要工作，就是替元朝把關考核，選高麗女子去元朝軍隊裡做「性奴」。打了仗賞高麗女子，更是元軍的傳統福利。

當然這段屈辱歷史裡，不是沒有讓高麗光榮的事：高麗女子奇氏，經過你死我活的宮鬥，竟混成了元朝末代皇帝元順帝的皇后。還有高麗太監樸不花也不差，成了當時元朝把持大權的奸人。但這二位「活寶」，一個橫行霸道，一個剷除異己鬧叛亂，把本就搖搖欲墜的元王朝，更鬧得亂七八糟。元末大亂四起，傳統小弟高麗，也要殃及池魚。

大明外交報告

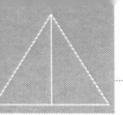

挑釁大明，自取滅亡

元順帝時代，中國南方起義軍風起雲湧，元帝國統治搖搖欲墜，一直緊跟元朝的高麗，也跟著倒霉。元朝至正二十二年，起義軍三路北伐元朝，中路關鐸部誤打誤撞，竟殺進了高麗境內，一戰就把高麗國都開城端了，嚇得高麗武宗王祺倉皇逃竄。

生死存亡之下，高麗武宗祭出祖先傳統智慧：先密令開城的王公貴族們，把家中長得好看的女人都貢獻出來，獻給起義軍當老婆。整個開城府天天宴會不斷，熱情款待起義軍，等哄得起義軍們麻痺大意，再突然重兵突襲，一番裡應外合，終於全殲了這支農民軍。

這次死裡逃生，總算讓高麗武宗看明白了：元朝自身難保，再跟他混只能自取滅亡。於是果斷停用元朝年號，清除高麗國內的親元朝貴族。值得一提的是，這位高麗武宗王祺，還是朝鮮歷史上著名的畫家。其畫作的藝術水平，連明代許多知名畫家都讚不絕口。這位多才多藝的國王，是高麗晚期歷史上，難得一見的明白人。

而他一輩子最大的業績，就是幫高麗換了大哥。洪武二年，已經把元朝打到漠北啃沙子的明太祖朱元璋，正式下詔冊封他為高麗國王。

而比起兇殘的元朝來，明朝這位新大哥真是好太多：冊封的時候除了帶來詔書和新印信，還送來了大批糧食物資，幫助高麗賑濟災民。對這個新收的小弟，明太祖朱元璋更寄託厚望，在詔書裡除了勉勵王祺要好好當國王外，更教誨他千萬不要因為崇佛而勞苦百姓，還提醒他要小心倭寇的騷擾。中心思想一句話：好好當國王，有困難找大哥。

之後的四年裡，在明朝新大哥的撐腰下，王祺放心大膽地治國：啟用傑出政治家辛旽，對內厲行改革，廢除前代的殘暴法令，減免百姓賦稅，鼓勵農耕經濟。特別是把大批貴族莊田牧場強行收回，分配給窮苦農民耕種，更是大得民心。歷經苦難的高麗，民生經濟開始高速復甦。

但王祺一個要命的毛病，卻是耳根子軟，勇敢的改革更被親元的殘餘貴族們中傷。結果改革家辛旽先被誣陷謀反，遭不明真相的王祺冤殺。緊接著

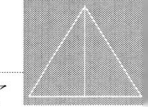

宦官崔萬生發動政變，竟將王祺弒殺。隨後王祺十歲的兒子王禑，被高麗親元的權臣李仁任立為國王。這個意外變故，令明朝與高麗的關係，從溫暖如春一下降入冰點。

說起王禑這位小國王上臺後的政策，一個詞就可以概括：兩面派。

他上臺後幹得最忤逆的事就是接受了北元的冊封，甚至高麗從此開始用北元的年號「宣光」，還常派王子去北元送禮物。最讓國內怨聲載道的，是他還逆歷史潮流，勒令全國官民重新穿蒙古衣服。元朝遼東的軍閥納哈出，更和高麗來往密切，甚至還在高麗的配合下，截殺明朝的使者。

當然按照王禑後來給明朝的辯解，這些都是親元貴族們幹的，他是被逼的。但不放棄與明朝通好的王禑，上臺就讓明朝吃了個「憋」：派使者去明朝入貢，請求明朝冊封。結果明朝派去冊封的大臣林密，竟被高麗使團捆綁了送給元朝當見面禮。

高麗竟敢背骨，明太祖朱元璋十分生氣，但反應還算溫和。既沒強烈抗議也沒嚴厲譴責，最激烈的手段，也就是多次拒絕高麗使團入貢。但熟悉朱元璋的做事手段就知道，他的溫和反應，通常是暴風雨的前奏。

果然，在穩定了國內局勢後，明王朝的手段，開始越發強硬。多次痛打和高麗往來密切的元朝名將納哈出。洪武九年還曾追殺到鴨綠江邊，把好幾百蒙古軍官五花大綁，衝著對面的高麗兵招搖。明朝遼東都司承差李思敬，更跑到鴨綠江邊發佈榜文，警告高麗認清形勢。洪武十六年，明朝遼東孫都督，又一口氣派了大小戰船跨海，當著高麗邊軍的面，在渾河口子又痛毆了北元軍隊一頓。

明朝頻繁「亮肌肉」，但小國王王禑的反應，卻是遲鈍到了極點。該怎麼和元朝勾結，還是怎麼勾結。實力逐漸強大的大明王朝，也終於忍夠了。洪武二十年，明朝以宋國公馮勝為大將軍，穎昌侯傅友德和永昌侯藍玉為副將，動用二十萬大軍，大舉進攻遼東。

這支由大明頂級將星率領，集結中國百戰精銳的強大軍隊，一動手就驚天動地：北元的遼東軍隊，很快被揍得稀里嘩啦。尤其讓高麗一直感覺很強

大明外交報告

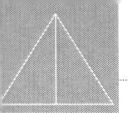

大的元朝遼東名將納哈出，沒打幾把就爽快投降，二十二萬蒙古軍全給抓了俘虜。這是一次深遠影響明朝歷史的出征，把從遼東半島到北方奴兒幹庫頁島的廣袤領土，盡數收回中國版圖。

但萬萬沒想到的是，明朝這番震撼表演，非但沒震醒高麗國王王禑，反而震得他繼續犯傻。聽說得勝的明軍，在遼東設立了鐵嶺衛。王禑的第一反應，居然是特別不爽，接著就幹出一件極「白癡」的事：準備動用傾國之兵，搶奪鐵嶺。

王禑敢如此「白癡」，除了自己智商差點外，也跟身邊人分不開：他這時最寵愛的大臣，便是名將崔瑩。此人之前戰功卓著，打過倭寇也打過中國農民軍，勝仗打得多了，腦子也發熱。聽說明朝狠揍了元朝，這位七十歲的老將便極度興奮，強烈要求王禑出兵，趁火打劫占便宜。

在這位老「憤青」的鼓噪下，王禑的腦袋也跟著熱，真個湊了不到五萬人，由兩位高麗名將李成桂和曹敏修帶著，大搖大擺殺出了鴨綠江。一支常年被元朝欺負的高麗軍，要去主動進攻剛欺負完元朝，且是人數占絕對優勢的大明軍。

就連普通的小兵們，都知道這事不靠譜。大軍自從出發後，軍中的士兵們就玩命開小差。一開始還是偷偷跑，後來甚至成群結隊，大搖大擺地往回跑。帶兵的李成桂，更知道這事不靠譜，眼看再跑就成了「光桿司令」，李將軍終於痛下決心，公開宣布：別跑了，咱不去打明朝了，咱打王禑這個「智障」去。

這命令一宣布，大軍陡然士氣高漲。高麗戰士們雄糾糾氣昂昂返回鴨綠江，幾下就拿下了首都，「智障」國王王禑與「憤青」崔瑩，全都被抓了俘虜。一個月後王禑退位，一年後被殺。崔瑩也被處死。李成桂隨後又先後立了王昌和王瑶兩個傀儡國王，到洪武二十五年正式就任國王，並得明朝賜國號「朝鮮」。高麗王朝四百七十四年的歷史，就此結束了。

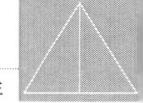

禍兮福所倚

王禑的犯「白癡」，就家族來說，斷送的是祖宗的家業。但是就朝鮮民族的命運來說，卻是這個苦難民族的重生。

成為了大明死忠小弟後，朝鮮王國在之後三個世紀裡，得到的是大明王朝近乎無私的庇護。明朝既不像元朝那樣橫徵暴斂，更不會動不動就進來燒殺搶掠，相反卻是每次朝鮮入貢後給予豐厚的賞賜，還有商貿往來的頻繁，以及先進文明的不斷輸送。李氏朝鮮王朝時代，是朝鮮民族經濟文化發展最為繁榮的時期，各方面成就都全面超越高麗鼎盛時期。

戰亂一百多年的朝鮮半島，從此真正有了和平與安樂。而在萬曆年間震驚東亞的日本侵朝戰爭中，也正是大明王朝的浴血奮戰，才把瀕臨亡國的朝鮮，重新拉了回來。

給大明朝做小弟的日子，是整個朝鮮古代史上，一段真正的黃金時代。這個美好時代的到來，確實拜王禑國王犯「白癡」所賜。

▎挑釁朱棣的後果是越南亡國二十年

明朝歷代皇帝中，要評選登基之路最拼的一位，除了打天下的明太祖朱元璋，便是篡皇位的永樂大帝朱棣。

為了君臨天下的龍椅，朱棣硬是發動了三年靖難之役，刀光血影的戰爭，連著打了多場。期間親自提刀衝鋒的生猛表現，更是十分常見。外加權謀耍詐，機關算盡，從精力腦力到體力，樣樣都拼到底，終於把親姪子建文帝朱允炆，活活轟下皇位。

等著真個拼來了皇位，喘一口氣的朱棣才猛然發現，真正的拼，這才剛剛開始。老父朱元璋留給他的，除了強盛的綜合國力，還有君主極度專制的政體，國內的大事小情操碎了心，國際事務也不落下。大明是列國的宗主，當然也要有做老大的樣子，哪國的家長裡短，都要親自過問拍板。國際國內，操心勞累到抽筋。

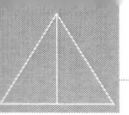

圈子・段子之大明帝國日常生活直播
大明外交報告

但當老大的滋味，朱棣很快親切體會：新小弟日本，賣力替大明殺倭寇表忠心。「實在親戚」朝鮮，殷切送美女表親密。西邊的帖木兒帝國早先叫板，老國王帖木兒湊了二十萬人殺來，還沒挨著大明的揍，自己就在路上病故了。新國王哈魯忙不迭地遣使謝罪，又被朱棣派人過去一頓敲打教育，從此終生恭恭敬敬。

而後經過鄭和七下西洋和陳誠五通西域，大明的國威聲名遠颺，小弟的數量，更從印度到北非，一路滾雪球似的猛漲。萬國來朝的景象，常年繁榮熱鬧，中國皇帝朱棣當世界老大的感覺，一生榮耀舒爽。

倘若說國家關係如拳臺，那麼朱棣便是這時代最兇猛強壯的拳王。各路拳手無不服服帖帖。但不識時務跳出來挑釁的角色，隨時都不會缺。「朱拳王」碰上的這位卻是特別奇葩。乍一看並非哪路肌肉男，相反卻是個枯幹的瘦漢：安南國統治者胡一元。

忍你很久了

這位敢挑釁朱棣的胡一元，身份比較特別：安南名義上的國王，是他兒子胡漢蒼，而他則以「太上皇」的身份，掌控國家大權。此人的名字也有好多個，通常也叫胡季犛。但綜合看來，叫「胡一元」最形象：就他挑釁朱棣這件事來說，此人的頭腦確實很「一元」，俗稱一根筋。

不過追根溯源說，他的一根筋表現，卻是被明太祖朱元璋慣出來的。

大明建國的時候，安南的統治者，是陳氏家族，史稱陳氏安南。

這個陳氏安南，態度還算懂事。明太祖朱元璋登基第二年，陳氏安南國王陳日奎就趕緊派人來朝拜，從而正式獲得冊封，成了大明的附屬國。

而表面恭敬的安南，內心卻十分不安分：對大明恭敬奉承的同時，卻又凶神惡煞，四處擴張領土，周圍的占城等國，全給欺負個慘。這也惹得朱元璋很生氣，但看安南一貫孝順，怒火也就打折。最生氣的時候，也不過是派使者過去數落一頓。在朱元璋的好脾氣，外加安南的哄騙下，大明西南邊境，雖說總有風波，但彼此關係總還算友善和睦。

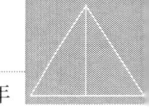

但在表面恭順了二十年後，長期「憋壞水」的外戚丞相胡一元悍然政變，殺掉安南國王陳煒，扶持了傀儡國王陳日焜，操縱了安南國的大權。自此，這位後來膽敢挑釁朱棣的楞漢，在安南國的權力頂峰上，開始了不作不死的人生。

從政變前後的內政說，胡一元的表現，可以說極其精明，手段更幹練狠毒，用暴風驟雨般的行動，波瀾不驚地把控大局。這是個陰沉老辣的狠角色。

對內發狠的同時，胡一元對外也發威，連續痛打占城等鄰國，但最作死的事，接著就開始了：擴張的賊手，竟然伸向了大明。以《明太祖實錄》的話說，就是「侵迫益急」。越發鬧得不像話。

對這賊膽包天的事，朱元璋反應竟依然淡定，最憤怒的表現，也不過是發文申斥，表達最強烈抗議。如此窩囊應付，好多大臣都看不下去，不斷有人義憤填膺上奏，請求給安南點顏色。但都被朱元璋硬壓下去。

以朱元璋的性格，自然不會軟弱，但當時明軍的精銳，正全力攻打北元，大軍席捲遼東，嚇得先前吃裡扒外勾結北元的「賊孩子」高麗，都慌忙脫掉舊馬甲，變成了大明的乖小弟朝鮮。從遼東半島到庫頁島的廣袤國土，更從此收歸大明版圖。這件大事時間緊、收穫多，任務卻太重，其他國務都要讓路，「作死」的安南也只好先慣著。

正是這樣一慣，終於把胡一元腦袋慣出毛病，竟做出了一個缺心眼的認識：看似威猛的明朝大哥，不過是個軟弱的鄰家大叔。從此以後放心大膽，一邊對內鎮壓反對勢力，一邊對外更大肆擴張。熏天的氣焰，到明太祖朱元璋駕崩時，早已飆升到頂。

最逆天的事，更在朱棣忙「靖難之役」時幹出來了：建文元年，當了十年傀儡的安南國王陳日焜終於被胡一元殺害。隨後胡一元命兒子胡漢蒼登基，自己加封「太上皇」把持朝政。這番安南歷史上的改朝換代，也就正式完成。

但胡家想要坐穩王位，最後一層窗戶紙，還要必須捅破：陳家雖說是傀儡，卻也是大明冊封的國王。殺狗還要看主人，何況殺國王這麼大的事，明

大明外交報告

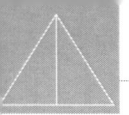

朝大哥不生氣，顯然是不可能的。更重要的是，自家的新國王，沒大明的承認，就永遠只是冒牌貨。想要冒牌變正牌，就得讓大明高高興興地冊封。

這時的胡一元，雖然已經在胡作，可是頭腦還算清楚，知道大明腿有多粗。所以在這件生死存亡大事上，還不敢輕易叫板，而是拿出自己一貫絕活：作秀唬弄。

打得就是你

胡一元決定「作秀」的時候，大明的皇帝，已換成永樂皇帝朱棣。

對這位新大哥的威名，胡一元也瞭解。於是精心設計的「作秀」，便在朱棣面前完美上演。

首先上場的是親情劇，趁朱棣登基的時候，火速派人來「拜碼頭」，而後又來了一出苦情劇。安排了大批安南父老當臨時演員，拉住明朝欽差訴衷腸，更深切表達了懇求大明政府冊封的願望。為求保險起見，朱棣派來出使安南的大臣楊渤，也被胡一元拿錢餵了個飽。回到南京後，信誓旦旦地在朱棣面前「打包票」。

這場戲的反響，也就順理成章的好。大明禮部尚書夏止善，受命正式宣讀了朱棣的詔書：冊封胡漢蒼為安南國王。這場胡家父子精心導演的大騙局，至此順利收場。

自那以後，胡一元便徹底放了鬆，但正當他得意洋洋時，北方的大哥朱棣，卻已經火冒三丈：一個意外事件爆發，使他的騙局被早早戳穿。

原來，永樂二年八月，原安南國大臣裴伯耆逃到了南京，向朱棣血淚交加地控訴了胡一元政變真相。過一個月，陳家王族唯一骨血陳天平也跑到南京來。這下騙局徹底敗露，尤其令朱棣火大的是，他這不是讓全世界看自己打臉？

剛過上老大癮的朱棣，哪嚥得下這口氣？一開始還是照搬老爹的經驗，派御史李琦出使安南，表示嚴正抗議。而胡家父子的反應也乖巧：連忙派使者來謝罪，表示願意將功折罪，奉還安南大權，熱烈歡迎陳天平回國接位。

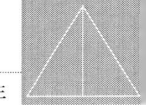

永樂四年正月,朱棣命廣西副將軍黃中,率領五千精兵護送陳天平歸國,如此強大陣仗,就為撐起先前被打臉的面子。

但朱棣萬沒想到,自己這番軟硬兼施,卻緊接著栽了大面子。黃中一行人進入安南後,十萬安南大軍突然殺出,將五千明軍團團包圍,竟當著明軍的面,將陳天平活活劫走後公開處決。

而這事對朱棣來說,簡直瘋狂到駭人聽聞。但胡家父子卻覺得太正常:把持朝政二十多年,吞到嘴裡的肉怎能輕易吐還給陳家?至於朱棣很憤怒,在他們看來,之前朱元璋憤怒的次數更多,似乎也沒什麼嚴重後果,只需事後禁閉邊關,嚴防國門,拖個一年半載,明朝強烈譴責得累了,也就會順水推舟。

必須說明的是,胡家父子的自信,在當時看是有點道理的。安南發展到15世紀,就是個大明帝國的微縮版。論綜合國力,東南亞國家公認第一,十足一霸。

尤其令後人難以想像的是,安南小霸的軍事實力十分強大,尤其在大明十分自豪的火器裝備層面,很多技術安南竟已反超在前頭。獨門殺器「神槍」,既能發射彈丸,更能放射火箭,射程更遠達三百步,被很多研究者譽為重機槍的雛形。後來實戰之中,也曾叫明軍吃了大虧。

而比裝備和戰鬥力更恐怖的,還有越南叢林濕熱的作戰環境。號稱橫掃全球的蒙古大軍,就曾被安南揍了個慘。獨特的優勢和光輝的戰例,也因此鼓起了胡一元父子強大的民族自信心:跟明朝「朱拳王」的這場無差別級較量,安南必勝!

但自信滿滿的胡一元父子根本想不到,他們面對的是一個怎樣的對手,他們更想不到,大明要打這一戰的真正目的是什麼。

朱棣既然決心打這一戰,要的就是更深的考慮:作為各國宗主,朱棣當了大哥,可週遭的小弟,各個比猴還精。正是要殺雞給猴看的時候,胡家父子正撞在大明的刀口上。

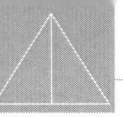

所以這次大明的決心，就是既然要打，一要打得徹底，二要打得漂亮。就跟殺雞表演一樣，就是要用牛刀，不但保證一刀幹掉，動作更要瀟灑漂亮。以主將張輔的話說，就是要「奉揚天威，當一鼓而滅」。

　　當然更值得表揚的還是胡一元，從砍了陳天平後，就讓全國進入總動員，所有的作坊都加班加點，瘋狂生產火器。北方與明朝接壤的邊境，更是大修堡壘，整個國境線都修成銅牆鐵壁。大明既然要打，那就看看誰更能玩命！

老大是這樣打仗的

　　永樂四年七月，朱棣發佈通告，朱能為征夷將軍，沐晟和張輔為左右副將軍，統帥八十萬大軍，從廣西和雲南兵分兩路分頭南下。彷彿隆隆南下的鋼鐵戰車，火速向安南碾來。

　　這裡補充說明下，八十萬這個數字，是明軍對外號稱的數目。而明軍真正投入的兵力，則在三十萬左右。

　　對這強烈攻勢，太上皇胡一元反應十分平靜，只下令邊境軍隊盡數撤退，把所有的食物和水井裡都投上毒。以他的過往經驗，安南氣候濕熱，瘟疫叢生，外加投毒等招數，沒等著交上火，明軍就得死一大片人。

　　但瞠目結舌的場面，緊接著就發生了，傳說中不熟悉東南亞氣候，染病就死的明軍，竟都變成了百毒不侵的神兵。就是從投滿毒的村鎮踩過來，還是一路活蹦亂跳。看得安南兵「大跌眼鏡」。

　　因為這幾件歷史經驗，明軍早吸取了。所有的明軍士兵都加帶了棉衣，以防夜晚濕氣著涼。提前三個月就準備了充足的糧草，最讓安南軍抓狂的是，明軍還帶了大批「工程兵」部隊，專門負責宿營挖井。現成的水一口都不喝，先前辛苦投的毒，全都白扔了。

　　於是明軍高歌猛進，但猛進到十月，一個晴天霹靂襲來：明軍主帥朱能因為積勞成疾，竟然病故於軍中。

　　這糟心消息一傳，胡一元重新煥發了精神。於是屬兵秣馬，決心依託諒山的險惡地形，給明軍一場毀滅性重創。

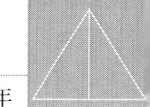

此時兩路明軍已經順利會師，兵臨諒山重鎮多邦。這裡是整個安南的門戶，過了這個關口，從此一馬平川。整個南征，這是決戰。

這裡同樣是胡家父子的老窩，安南軍修了七座堡壘，運載來了可以支用五年的充足軍糧。水陸兵力加上後勤民夫，以《明太宗實錄》和越南相關史料的對比統計，更達到恐怖的二百萬人。這是一個集結了安南舉國精銳兵力的防禦體系。

而就具體防線佈局和軍事裝備說，多邦更堪稱恐怖的「殺人地獄」。城裡還有最後一件殺器：象騎兵。而且在象兵的戰術上，安南軍也極先進，其大象擅長配合城寨防禦，以最出其不意的方式殺出。這種象兵突襲戰術，彷彿十八般兵器裡的流星錘，打起來極其暴烈迅猛。明末清初梟雄吳三桂起兵反清時，就曾把這招玩到純熟，令驕橫的滿洲八旗吃了不少苦頭。

強敵在望，主將陣亡，明軍局勢急劇看衰。火線接替朱能的張輔，只用了一段話，就重新喚起了明軍的鬥志：當年李文忠跟著常遇春打蒙古，結果常遇春半路過世，李文忠火線接替，大破蒙古。他們能做到的事，咱也能做到。

面對這密不透風的防禦，和傳說中強悍的象兵，張輔也拿出了他堪稱書寫歷史的軍事奇招：「特種兵突襲」。先以連綿不斷的小規模進攻，牽制安南軍的注意力。真正的殺招，卻是五千精銳的夜襲，趁月黑風高的深夜，全副武裝訓練有素的明軍夜襲安南軍薄弱環節。這個銅牆鐵壁防禦中最薄弱環節就此被張輔一擊即破，九百里頑強防禦至此無法做到面面相顧，只要攻破其軟肋，便可一舉擊破。

值得一提的是，完成這次「特種兵」血戰的將軍，正是當初受命護送陳天平歸國卻蒙受巨大羞辱的黃中，參戰的部隊，正是當初經歷安南背信棄義伏擊的五千戰士。以雪恥的名義，五千大明戰士浴血奮戰，給安南軍隊上了一堂完美的軍事突襲課，如一隻迅烈的拳頭，將敵人砸得頭破血流。胡一元當初囂張殺陳天平，在這裡嘗到了苦果。

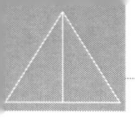

圈子・段子之大明帝國日常生活直播
大明外交報告

突襲成功，明軍全線攻擊，整個多邦防線首尾難顧，外圍九百里防線迅速崩潰。但安南軍應對經驗也十分豐富，立刻收縮防禦且戰且退。等著明軍猛撲上來，他們終於放出了最後的法寶：象騎兵，衝鋒！

巨大的象吼聲怒濤一般地傳來，連強悍的明軍騎兵坐下的戰馬，竟都忍不住顫慄起來。但不可思議的一幕竟又出現了：明軍騎兵整齊地向兩側靠攏，中央密排了密集的火器，只聽一聲令下，明軍火器齊發，從火箭到鉛彈，展開了連綿不斷地梯次攻擊。如此淡定的火器戰術，把迷信「神槍」的安南軍，瞬間看傻眼：火器竟能有這麼打的？

還沒等著傻完眼，安南大象就被打傻眼，密集的火網中，一排排戰象轟然倒地，僥倖沒打死的，調轉屁股竟往安南軍的軍陣上衝來，於是史書上留下了一段冰冷的話語：安南軍自相蹈籍及被殺者不勝計。這場決定南征大局的會戰，就這樣以大明的完勝載入史冊。

眼看陸戰打不過，胡一元又玩起了水戰。誰知這事更是找死。永樂五年正月和三月，明軍先後在木丸江和富良江，兩次團滅安南水軍。特別是富良江一戰，僅斬首數就高達三萬九千人，兩個月後，胡家全家人被張輔活捉。安南全境，盡數平定。

淪為俘虜的胡一元父子，最後的去向也成了謎。有說法是他們被俘之後，拉到南京斬首。也有說法是他們在中國吃了幾年牢飯，最後還是獲得特赦。唯一有確切結局的，是胡一元的大兒子胡元澄。這孩子是胡一元家難得的老實孩子，淪為戰俘後也不自暴自棄，終於憑其卓越的才能，在明朝獲得重用，他改造的各式火器，後來陸續成為明軍的主戰裝備。而他本人不但官運亨達，一度官至工部尚書，更以其卓越的軍事科學建樹，在明朝得到了一個崇高雅號：火器之神。做戰俘做成神，人類戰爭史都少見。

而更為少見的，是明軍這次酣暢淋漓的表現，僅以五個月時間，就輕鬆滅掉了一個軍力強大的地區小霸。後人津津樂道的，是整個戰爭中，朱棣精心的準備與張輔卓越的指揮。而從根子上說，一直自我感覺良好的安南，軍事水平實在與大明不在一個檔次。

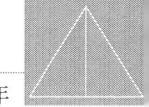

雖說贏得輕鬆，明軍也沒飄飄然，戰鬥結束後的第一件事，就是明軍大量收集神槍，掰碎了認真研究，並先後開發出了十幾類新品種。在接下來朱棣征討北方蒙古的戰爭裡，也令弓強馬快的蒙古騎兵，結結實實地嘗到了挨打滋味。敢跟這樣一個強大且善於學習的對手叫板，胡一元的頭腦，確實真少一根筋。

而他一根筋的最惡劣後果，就是安南國一度的國滅。由於明軍占領安南全境，外加陳家最後骨血陳天平遇害，雄心勃勃的朱棣，幹脆做出了吞併安南的決定：永樂五年六月一日下《平安南詔》，正式將安南改為交趾郡，仿照內地設立布政司，從此再度劃入中國版圖。

朱棣欠考慮，包袱二十年

但一生精明的朱棣，在這件事上的抉擇上，卻是極度欠缺考慮：儘管明軍強大，但一個已經脫離中原王朝四百年的地區，想要順利回到版圖內，是需要時間去消化的。何況明軍討伐安南，打得是恢復陳家王朝的旗號，結果卻自食其言，不招反抗是不可能的。就如同首任交趾布政司黃福在上任前的預言：馭之有道，可以漸安。守之無法，不免再變。

事實正如黃福所預料，之後的二十年一直守之無法，安南的叛亂四起，儘管在戰場上，明軍占盡優勢，特別是張輔，每當安南出亂子，立刻就帶兵南下，到了就能殺敵立軍功，怎麼打怎麼贏。可贏的再多，卻還是止不住亂子。各地的反抗，摁下葫蘆起來瓢，滅了這股，又出來那股。

關鍵的因素，還是當時的明朝，對怎麼經營安南，既事先缺少準備，更事後鞭長莫及。朱棣的戰略重點在北方，人力、物力、兵力都優先經營北方，哪裡有力量來經營安南。於是長期以來，安南就成了個半死不活的雞肋。明軍留著出亂，拋棄不忍。直到宣德二年十月，朱棣的孫兒，已經被安南問題的經濟負擔拖得苦不堪言的明宣宗朱瞻基，終於做出了拋棄安南的決定。這個決定的功過，今人一直在爭論，但從當時說，確實甩了一個遺留包袱。

一直在安南反抗明朝的安南叛亂領袖黎利，也及時向明王朝低頭認罪拜大哥。最終他扶持的傀儡國王陳皓獲得明王朝冊封，實現了安南的復國。雙

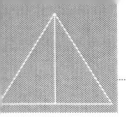

方再度恢復了宗主國關係，也從此恢復了友好往來。這距離當年胡一元父子挑釁朱棣找揍亡國，整過去二十年。

■世界第二強帝國，向明朝低頭

　　整個中國古代史上，論國際影響力最強大的時代，當屬永樂大帝朱棣在位時期。誠如史書所說：幅員之廣，遠邁漢唐，成功駿烈，卓乎盛矣。

　　那時代有多強大？從五伐漠北到七下西洋，從遷都北京到萬國來朝，從開通運河到《永樂大典》。前代皇帝只敢夢想一兩件的文治武功，大明王朝就似一個充滿能量的巨人，精彩到完美地呈現。

　　這是一個中華文明真正傲視全球的時代：雄厚到空前的綜合國力，繁榮富強的經濟文明，領先全球的軍事科技，先進一個時代的軍事戰術，橫掃四方的強大軍隊。放眼世界，幾無匹敵。

　　但要評選這個時代裡，誰是勉強可以比肩大明王朝的帝國？答案也只有一個：中亞的帖木兒帝國。

　　這個帝國的締造者，便是在西方大名鼎鼎的帖木兒：先是西察合臺汗國的駙馬爺，後來篡權開創帝國。它的領土滾雪球般擴張，一戰滅亡奧斯曼帝國，把奧斯曼蘇丹巴耶塞特一世抓了俘虜。嚇得遙遠的西班牙國王，都慌不迭認他做義父。這個雄踞中亞的強大帝國，是當時僅次於明帝國的力量。

　　而對明朝老大，帖木兒的態度曾經特乖。洪武二十年的時候就曾遣使拜見，向明朝納貢稱臣，正式認了「老大」。洪武二十七年又來，這次捧得更肉麻，說大明皇帝朱元璋「為億兆之主」，他自己更是對朱元璋仰慕到極點，更「祝頌聖壽福祿」。這一通賣力奉承，把朱元璋拍得十分高興，還派了大臣傅安帶使團回訪。

　　但興高采烈的朱元璋不會想到，表面乖的帖木兒，內心卻藏著一個極其瘋狂的打算。照著法國歷史學家布哇的說法，便是「他終生的夢想就是解除對中國的臣服」。

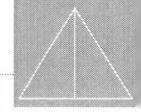

半路夭折的侵華路

世界老二帖木兒，對於明朝老大的惦記，其實已經很久了。

多年以來向明朝低頭裝慫，一是知道自己實力不夠，二就是刺探情報。在中亞擴張的這些年裡，明朝的大事小情，他都瞭解個大概。東征中國的戰略，更是全力籌劃。

大明派來回訪的使臣傅安，更為此遭難：到了帖木兒帝國後就被扣押，嘗夠了牢獄之災，為了逼他投降，帖木兒曾押著他在各地示眾。但無論怎樣的威逼利誘，傅安始終不為所動，堅強保持著大明的氣節。十三年後他終於歸國時，已經鬚眉皆白。這位在今天不太知名的明朝外交家，卻真正書寫了蘇武牧羊般的壯烈往事。

而帖木兒的侵華計劃，也更加緊鑼密鼓。隨後永樂大帝朱棣登基，聽說了帖木兒的事跡，便派使者來斥責。裝慫多年的帖木兒，這下徹底撕破臉，衝著中國使節一頓發飆，說要親自殺到中國南京，讓朱棣在他面前納貢稱臣。

接下來，這個軍事帝國的戰爭機器，便瘋狂地向東開動。先召開了「蒙古人大會」，扯出了「反明復元」的大旗。然後集結了傾國的二十萬大軍，由帖木兒親自率領，殺氣騰騰奔著明朝而來。

這事兒成功的可能性有多大？且不論和明朝在戰爭潛力上的巨大差距，更不論勞師襲遠的兵家大忌。就說單純的軍事因素：中亞這塊地方，戰爭水平比中國，在整個古代史上都差檔次。漢朝以來，在中原被淘汰掉的殘兵敗將，跑到中亞都能煥發第二春，輕鬆開創強大帝國。這次帖木兒逆反一把，拿棒球賽事比喻就形象：好比一支中職聯賽贏膩了的豪門，登陸美國挑戰世界冠軍，還點名要在人家主場打。只要對手認真對待，「慘案」很難避免。

而放在帖木兒這邊，中國的邊兒都還沒摸到，打擊就連綿不斷：除了糧食吃緊外，還遇到了大風雪，士兵馬匹凍死極多。瘋狂的出征，一上路就凍得哆嗦。

大明對這事的準備，卻是相當認真。明成祖朱棣早嚴令西北邊軍認真備戰。鎮守西部邊陲的，便是名將宋晟。以逸待勞的優良條件，火力配備先進

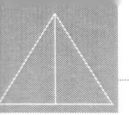

大明外交報告

的城防體系,外加這位老將鎮守西北二十年不敗,多次輕鬆吊打蒙古騎兵的高超本事,一場高機率的「慘案」正在對帖木兒虛席以待。

不過不幸(或可以說走運)的是,哆嗦了沒幾天的帖木兒,永樂五年正月病故於錫爾河。這下後果嚴重,不但瘋狂的出征夭折,他的幾個兒子更為了爭位互相攻殺,國家陷入內戰混亂。所謂「解除對中國的臣服」只是黃粱一夢。

而繼位的哈魯,軍事水平比不上他爹,做事卻比他爹識相。登位後的第一件事,就是趕緊釋放了中國使臣傅安,禮送他回到明朝,並派使者隨行,向明朝重新修復關係。

對他懸崖勒馬的行為,朱棣也十分表揚。除了厚賜了使者外,還行使了下宗主國的責任:帖木兒的小孫子哈里,因為奪位失敗被哈魯囚禁,朱棣特意派使者白阿爾忻臺來到帖木兒帝國首都撒馬爾罕,給哈魯宣讀了朱棣的聖旨,說你虐待你侄子,我聽了很心酸,你們都是一家人,做叔叔的要愛護小輩,怎麼能互相殘殺呢?趕緊給我放人。

朱棣下指示,哈魯不敢怠慢,立刻放了哈里,將他封為諸侯,一家人從此其樂融融。而對使者白阿爾忻臺,更以帖木兒帝國的「殊恩大禮」熱情接待。隨後又派使團到南京回訪,送上獅子和貢物。兩個一度差點兵戎相見的國家,至此徹底擺脫了戰爭的烏雲。

忠心做小弟

哈魯一心一意修復與明朝的關係。除了因為早期王位不穩外,更因他看到了與明朝修好的巨大利益。

其中最雙贏的,就是商業貿易。經過朱棣特許,每次帖木兒國使團入貢,都帶來龐大的商隊,除了獲得政府賞賜外,還大量地「掃貨」。中國的西部貿易出口,在經過宋元兩代的衰敗後,再現繁榮景象。

而且這個繁榮景象,延續明朝大多數時期。西部歷經戰亂的甘肅、陝西地區,出現了很多新興的貿易城市。影響西部經濟幾個世紀的秦商集團,也

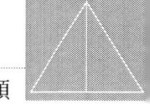

從此發展壯大。而對於中亞國家來說,這條商路的重開,更是惠澤蒼生的大好事。同時期的中亞商人,常把與中國的貿易,稱之為「金路」。

在安撫小弟的問題上,朱棣也極有手段。永樂十四年,明代傑出外交家陳誠出使帖木兒帝國,給哈魯帶來了一份特殊的禮物:一張由明朝宮廷畫師繪製的《白馬圖》,上面描繪了哈魯進獻給朱棣的一匹名馬。這下把哈魯感動壞了,將自己的兩個兒子叫出來,設家宴熱情款待陳誠。從此之後,歷代帖木兒帝國國王,都對大明死心塌地。

陳誠也以自己卓越的外交表現,得到了哈魯深深的敬重。這位外交家一生五次出使中亞地區,不但與各國國王私交甚厚,留下的回憶錄《使西域記》,今天依然是世界各國研究中亞歷史的重要資料。

除了感情撫慰外,展示實力也很重要。永樂年間,帖木兒使團多次入貢明朝,接待安排上,朱棣更煞費苦心。永樂十八年,帖木兒國向明朝派出了一支五百人的大型使團,進入中國之後,他們首先由邊關軍隊安置,看到了明朝西北強大的邊防和不同民族的戰士,齊心協力保衛大明的風采。

而在永樂二十年,他們覲見到朱棣後,除了看到朱棣本人的帝王風采外,明朝強大的國力和軍隊,更給他們留下了深刻印象。照著帖木兒官員蓋耶素丁的回憶錄說,當時還沒有完全竣工的北京皇宮,風貌已經壯麗威嚴,莊嚴的禮儀更是氣場強大,宮門兩側排列著十萬人的軍隊,各個威武雄壯裝備精良,而最讓人震撼的,卻是他們清一色的肅立,持久的鴉雀無聲。東方帝國強大的力量,就這樣沉默矗立在使者們面前。

這期間還發生了一個小插曲:朱棣打獵的時候,特意騎了哈魯進貢的名馬,誰知名馬關鍵時刻鬧脾氣,竟把朱棣摔了個「大馬趴」。這下朱棣生了氣,據說發了大脾氣,要拿這群帖木兒國的使臣「發火」,把他們全流放到遼東充軍去。

這事傳出來,整個使團全嚇癱了。好不容易等到朱棣接見,一群人慌忙下拜,爭先恐後地磕頭,撞得地面都砰砰響。這會兒的朱棣,已經消了氣,但還是抱怨了幾句:你們進貢的寶馬是個什麼貨,你看把朕都摔成什麼樣了。

圈子・段子之大明帝國日常生活直播
大明外交報告

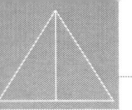

這帖木兒帝國的使臣也是個人精，立刻接話解釋：這馬不是俺家國王騎的，是俺家國王他爹（帖木兒）騎的。俺家國王自己不敢騎，覺得您騎最合適。這話一說，朱棣聽了就高興了，也不管摔得渾身疼，又熱情接待了使團一番。

除了這段小插曲外，同樣讓使者們感到驚嘆的，是這個帝國的富強。逗留中國期間，他們還受邀參觀了北京的城市風貌，更去多個名勝古蹟。中國北方城市的繁榮與富庶，令這群中亞人十分仰慕，並在記錄中留下了很多讚譽。這些有關中國強大與富庶的文字，在之後的幾百年裡，流傳於中亞各類史料中。

而與這些外交盛事同時復興的，是兩個國家之後長達近一個世紀的友誼。雖然朱棣之後的明朝帝王們「不務遠略」，大規模的出使已不再有，但是中亞國家的使團朝貢，卻是時常到來。而繁榮的陸上絲綢之路貿易，也成了西北一景。西安等地直到明末，依然還是胡商雲集的西部貿易都市。軍事的喧囂也許只能盛極一時，文明的交流才是永久。

各有難念的經

▌穿越到明朝

衣食住行都是規矩

如果回到大明朝，成為普通老百姓中的一員，那麼，一件很痛苦的現實便是：規矩多。如果僅看朱元璋開國時期創立的明朝社會體制，以及那個體制下老百姓的生活，我們恐怕很難把明朝同「豐富多彩」四個字聯繫在一起。因為朱元璋所創造的社會體制，是一個等級森嚴、條令嚴苛、管理嚴格、簡樸刻板的世界。

明朝的規矩名目繁多，衣食住行，樣樣都有嚴格的條令，違規的代價很大，稍微不留神就很可能是牢獄之災。

就以穿衣服來說，明朝初期特別是朱元璋統治時代，是一個穿錯衣服後果很嚴重的時期。明朝社會階層有嚴格劃分，不同等級的人群都有各自穿衣服的規定，一旦穿錯就等於是「僭越」大罪，將被國家處以重刑。

但要想不在穿衣服的問題上犯罪，卻也是相當辛苦的，尤其是如果我們以現代人身份穿越到明朝，想要不栽在這條上更是困難。一是要考驗自己的背書能力，明朝穿衣服的規矩極其繁瑣，從髮型到服裝無所不包，比如束頭，全國的成年男性都要束髮，官員要戴烏紗帽，穿圓領袍，著黑靴；士子百姓要戴四帶巾，穿雜色盤領衣，不得穿玄黃顏色；教坊司樂工要戴青色頂巾，系紅綠帛帶。女性方面，普通老百姓的妻子，可以允許戴銀質首飾並在上面鍍金，耳環可以戴黃金耳環並佩珍珠，鐲子則必須佩帶銀鐲子；樂妓要戴銀角冠，絕不能和老百姓的妻子穿一樣的衣服。

上面的這些規定，只是衣著服飾規定的籠統內容，具體到穿衣的面料、樣式、尺寸、顏色上卻更是條令多多。王公貴族和職官，有權穿著錦繡綢緞，普通老百姓家只准穿著素衣綢緞。商人更慘，只能穿絹和布，有錢也不能穿綢子。

圈子・段子之大明帝國日常生活直播
各有難念的經

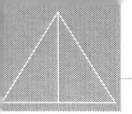

而具體到官員身上，不同等級的官員，穿衣服的規定也是不同的，官員之間身份的差別，主要透過官服上的圖案來界定，官職不同，官服上的動物圖案也就不一樣。文武官員的服裝也有區別。這其中，擔負教育任務的教官們，也有特殊的服裝，各地教官上任，國家都要賜予衣服，同時學校的訓導，也要被賜予冠帶。生員們按規定戴軟巾，腰繫垂帶，衣著襴衫。而在生員考取國子監後，則要被賜予遮陽帽，即明朝人所說的舉人圓帽以示區別。不同的衣服，標誌著不同的身份，我們如果穿越到明朝去，在大街上不用問，只憑路人的衣服，就可判斷出其身份職業。而我們如果生活在明朝，在不同年齡段，我們所穿衣服的改變也意味著我們人生的軌跡。

和穿衣服一樣，吃飯在明朝，也是有學問的。

明朝人的飲食在明初也有嚴格的等級界限，比起元朝末年的享樂風尚，明朝初年吃什麼、怎麼吃都是件一不留神就要命的事情。

首先餐具就有嚴格的規定：公侯以及一品、二品官員，酒盞要用金制，其他餐具用銀製；三品到六品官，酒注要用銀製，酒盞用金制；六品到九品官，除了酒注和酒盞用銀外，其他餐具必須用瓷。在明朝初年的餐桌上，和穿衣服穿錯的後果一樣，宴會上擺錯一件餐具，也同樣是要被辦罪的。森嚴的規矩下，明初吃飯的內容也很簡單。

比起吃來，明朝人的住房同樣體現了森嚴的等級制。首先是王府的級別，明朝親王的府邸、正門、前後殿、四門、城樓都要用青綠點金裝飾，廊房要用青黑裝飾。而王府的規格乃至房間數目，也都有嚴格規定，親王如果擅自裝修房間，甚至多蓋府邸，那可不是鬧著玩的，重了可以直接被處以謀反大罪。公主的府邸則又有區分，不能用金色裝飾。

官員的住宅規矩更多，根據不同的品級都有不同的規定，不但外觀上區別很大，甚至房間內部的廳堂以及桌椅擺放，規矩也同樣多。外觀構造上，官員的住宅裡不許建歇山轉角、重欄重栱，不許有彩繪圖案。廳堂的房間數量，根據官職的大小也有嚴格區別：一品、二品官員家的廳堂，規定有五間九架；三品至五品的廳堂，規定有五間七架；六品至九品的廳堂，是三間七架。

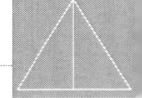

在屋脊門屋的圖案上，更有嚴格的區別，修錯了房，畫錯了圖案，對於明朝官員來說，很可能就是一輩子全完蛋。

老百姓的房屋，更是不能超過三間五架，連彩色裝飾都不允許有。對於官員來說，這種住宅規定也是有繼承權的，比如某官員官居一品後去世，他的兒女們仍然可以住在一品官員等級的房屋裡。如果房屋的圖案上，出現了諸如日月龍鳳等象徵皇權的內容，同樣要以謀反論罪。

明朝這種森嚴的等級制度，在明朝開國之後，構成了明朝森嚴的社會秩序。按照明末歷史學家談遷的話說，也正是這種制度使明初成為了明朝歷史上「犯罪率」最高的朝代。

生活在明初的老百姓，有時候一不留神就會犯法。比如穿錯了衣服要犯法，朱元璋在位時，曾經有群軍漢當街踢球玩樂，出汗了為涼快，就把褲腿挽起來，結果一挽褲腿就「違制」了，接著一群公差上來，把這群軍漢抓走，不久後宣判，所有挽褲腿的軍漢的腳都被砍掉。踢球尚且有那麼大風險，處處都要謹慎。如果真生活在朱元璋統治的時代，想想都害怕。

社會福利好

從明初的社會制度上看，穿越到明朝做老百姓，很多方面是很痛苦的。但事實上，無論明初還是明末，做明朝的老百姓，也有幸福的一面──福利好。

在中國曆代封建社會中，明朝是一個社會福利比較高的時代。這個功勞，首先當感謝朱元璋，他的三大福利政策分別是「養濟院」「漏澤園」和「惠民藥局」。

所謂「養濟院」，就是負責收留城市中的鰥寡孤獨的福利院；漏澤園，就是國家公墓，免費埋葬過世死者；惠民藥局，就是免費醫院，可以免費看病和免費領取藥品。

朱元璋甚至還規定，如果城市裡發現了無家可歸的流浪漢，或者是發現了生活不能自理且無人照料的殘疾人，那麼地方官就要被究責，輕則撤職查

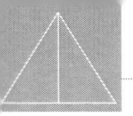

辦，重則下獄問罪。朱元璋甚至還曾經於南京郊外修築公房，安排無家可歸者居住，儘管這項政策，限於封建時代的經濟條件，未能全國推廣，但也算是一項很大的福利。

除了這些福利機構外，明朝的福利待遇也好的很，以「養濟院」為例，凡是被收留的，每月都會給予大米三斗、庫布一匹。以至於許多生活並不貧困的騙子，也假裝窮人被收留進來，且賴在裡面不走。而如果遇到水旱災害等情況，對於因此而無家可歸者，明朝更免費給予稻種、耕牛，並賜十五畝田地。到了明英宗朱祁鎮在位時期，明朝更發布了世界上最早的國家養老制度——優老之禮，即年滿七十歲以上的老人，國家就要賜予爵位，每月給予生活補貼。

這種全民福利，也造就了明朝三個世紀的凝聚力。即使在部分皇帝昏庸、政治腐敗的時代裡，明朝的老百姓對待國家依然體現出了不離不棄的深厚感情，比如土木堡之變後的北京保衛戰，不但明軍三軍用命浴血拚殺，戰前京城的百姓甚至還自發捐錢捐物，支援朝廷。而在戰鬥打響後，北京周邊百姓還有人跳上城頭，自發參加戰鬥，用石塊做武器投擲瓦剌騎兵。明朝中後期雖然軍備廢弛，但史不絕書的，卻是明朝北方邊境上，邊鎮百姓常常與駐軍合力死守孤城並擊退強敵的佳話。

奮鬥在明朝

如果穿越到明朝的城市，特別是中後期商品經濟高度發達的城市裡，那麼你的生活將是豐富多彩的。

明朝的市民文化有多繁榮，看看《明史》上的形容就知道了。由於明朝中後期商品經濟發達，人口流動加劇，明朝的城市也高度繁榮。人口數量激增，行業魚目混雜，三教九流雲集，在這樣的城市裡，一個人奮鬥的途徑，也變得日益多樣。

比如說如果你是一個文士，考科舉考不上，換到其他朝代，要麼做個教書先生，要麼回家種田，很可能清貧一生。放在明朝卻有許多新的出路，比如可以給官員做師爺，給商人做參謀，甚至還可以去給戲團隊寫戲。

穿越到明朝

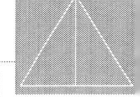

走在明朝的街道上，你可以看到各色人等：志得意滿的達官顯貴、衣著華貴的商人……甚至連婦女都有許多新職業，比如出入於官宦小姐家的女幫閒等。許多當時造訪中國的歐洲傳教士認定，明朝城市的繁榮程度遠在同時代歐洲城市之上。每一個明朝城市在外人眼裡，都是一個充滿誘惑力的花花世界。

在這個世界裡做老百姓，奮鬥的內容，也是可選擇的。比如如果你要打工，到了一個城市後，首先要找當地的「會館」，也就是由你的老鄉開的「招待所」，在會館登記注冊後，就可以白吃白住，然後會館負責給你找工作，找好工作後就可以合法在當地自食其力。但是，如果你工作不滿一個月就自己辭職，後果就是嚴重的：名聲算臭了，在當地無法再混了。

明朝城市的工作在當時也是五花八門，除了可以做工人，做傭人外，就算是青皮混混，在城市裡也有行業——青手。這個職業有兩個業務，一個是打人，比如收人錢財後替人修理人；二就是替人挨打，比如某人犯了事，要被衙門打板子，不想被打，就可以花錢雇青手替自己挨打，通常挨一次打收費十兩。幹這個行業，就算沒膽量打人，只要能咬牙挨打，也絕對有機會發財。

按照當時規定，秀才都有國家補貼，這個到了明末也照樣有，但數目三百年來基本沒變，物價卻翻了不知多少倍。這些錢放在明初，足夠給秀才養家餬口，放到明末，卻連喝西北風都不夠。這種情況下，明末的秀才也只好自謀生路，個別沒骨氣的，就要求人接濟，俗語「打秋風」就是這麼來的。而有骨氣的秀才很多也都轉行，最多的是轉行做生意。明朝中後期，出身讀書人的商賈越來越多，好多還成為了一時的富賈。形成對比的是，許多商人有了錢之後，第一件事是花錢買一個生員名額，以圖有個身份。

士大夫階層有錢有閒

而在那個時代裡，生活壓力最小、既有錢又有閒的階層當屬士大夫階層。

各有難念的經

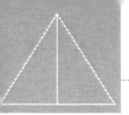

明朝中後期士大夫階層的特點，一是極端富裕化，二是極端享樂化。明朝貧富差距的拉大，反映在知識階層——就是有科舉身份和官員身份的士大夫們——生活大多高度富裕，富裕的他們的生活態度也和前人不同。

按照沈德符《萬曆野獲編》裡的說法，明末的士大夫們的人生追求就是享受再享受，奢靡再奢靡。比如吃，那是不惜千金，珍奇野味無所不用其極。又比如穿，極盡奢靡。再比如業餘愛好，有喜歡流連青樓的，也有喜歡混跡戲班的，這兩樣在明朝開國時期是絕對不允許的丟人事，到了明末卻成為風雅事。

明朝士大夫們，常有人喜歡為戲團隊寫戲，更有人喜歡親自登臺演戲。混跡妓院更是如此，放在明初，官員進妓院鐵定是要丟官的。而在明末，官員進妓院，不但是一件風雅事，甚至還是炒作自己的手段，如果能博得某個知名妓女的青睞，甚至抱得美人歸，那在官場上的知名度鐵定「唰唰」地長。典型例子就是娶了柳如是的錢謙益，雖然在當時被罵得要死，結婚的時候花船一路被人扔臭雞蛋，但名聲算是出來了，後來他一躍成為東林黨幹將和這個不無關係。

▎王爺，養不起

明朝三個世紀以來，一個貫穿始終的政治問題，就是藩王問題。

分封藩王，是歷代封建王朝的通用制度，朱元璋建立明朝後，也沿用了這一制度，從目的說，正如朱元璋所說：「以藩屏帝室」，就是用藩王權力來鞏衛中央。

本著這個目的，朱元璋做了一件公認的錯事：洪武年間分封的藩王，不但待遇優厚，而且軍政權力極大。尤其是有兵權，北方幾個藩王，諸如寧王、燕王、谷王、遼王等王爺，更掌握著明朝精銳武裝，各個雄視天下。

但對這個潛在威脅，朱元璋也不是沒有預判，明朝藩王制度相較前代，一個進步就是管理嚴格：特製了《天潢玉牒》，凡有皇室子弟出生，就要記錄在冊，封賞賜爵乃至皇位傳承排序，都是按照玉牒來。另一點就是重視教

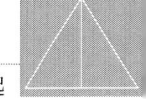

育，朱元璋還編寫了《永鑒錄》和《御製紀非錄》，這兩個材料，記錄了歷代藩王的作惡教訓，發給各地藩王學習，告誡他們要忠心為國，免蹈覆轍。同時規矩也多，藩王們穿衣服不注意，蓋房子蓋出格，出門儀式招搖點，都很可能給扣上「違制」的帽子，按謀反來處理。

但千防萬防，卻還是防不勝防。手裡有兵，就有造反的風險，外加朱元璋的制度，本身還有個漏洞：明朝藩王制度規定，如果中央有奸臣弄權，藩王就有權起兵翼衛皇室，清除奸臣。結果，朱元璋死後，燕王朱棣起兵造反，奪了法定繼承人建文帝朱允炆的皇位，起兵的名義叫「清君側」，鑽的就是這個漏洞。

朱棣削藩很聰明

作為藩王叛亂的勝利者，永樂皇帝朱棣，對於藩王擁兵的危害，自然感同身受。在坐穩了皇位之後，除了清算建文帝舊臣外，他大張旗鼓做的另一個事情，就是削藩。

其實削藩這件事，早在建文帝當政的時候，就已經開始辦，不但當時的朱棣被惡治，其他諸如周王、代王、齊王，不是被削去王號，就是慘被關押。而在朱棣登基早期，為收攏人心，對這些倒霉王爺們，也曾大力安撫。

朱棣殺進南京後，第一件事就是給藩王平反，之前被建文帝修理過的藩王們，大都恢復了爵位。另外還有優待，不但提高藩王們的經濟待遇，還提高王府官員的品級。封賞也很大方，比如對周王，一即位就賞賜了兩萬多鈔。接著周王過生日，更又送了大批財物。《萬曆野獲編》裡說他那時對藩王「倍加恩禮」，真如春天般溫暖。

但春風拂面過後，接下來就是電閃雷鳴。削藩行動開始了。

早在對藩王無比恩寵的時候，朱棣就已經行動，在各位藩王的身邊密布眼線，嚴密偵測一舉一動。而且這幫藩王們，除了蜀王、周王等少數人，大多數都劣跡斑斑。罪過不難找，就看時機。

各有難念的經

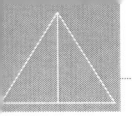

最先倒霉的是寧王朱權，早年寧王坐鎮北疆，手握重兵，一個不留神被朱棣挾裹了造反。事後朱棣也很關懷他，把寧王遷到南昌，說是給他個經濟富庶的好地方享受，其實是監視起來。隨後就百般找碴，偏寧王本身也愛發牢騷，閒暇時常有怨言，被朱棣知道了，立刻派人搜查，雖然沒找出什麼證據，但明白利害的寧王，就此嚇得不輕，從此沉迷鼓琴詩書，絕口不提政事，總算躲過一劫。

比起接下來其他人，寧王的遭遇，其實還算好。

緊接著倒霉的是代王，剛恢復了爵位，沒半年就被朱棣治了三十二條大罪，雖然勉強保住爵位，但兵權基本被削光，成了死老虎。齊王很囂張，恢復爵位後惡性不改，甚至還殺死了地方官，這下朱棣逮住由頭，永樂四年（1406年）五月將齊王囚禁南京，子孫廢為庶民。類似倒霉的還有瑉王和肅王，都是被揭發過錯，然後嚴肅處理，王號都被削奪。

而其中最傳奇的，卻是周王朱橚。他本身是朱棣的同母兄弟，按說關係最親，但也因此張狂，甚至還在封地上張榜貼文，給地方官發號施令。這下觸了朱棣大忌，期間幾次被削去爵位，幾次又寬大處理復爵，一直到永樂十八年（1420年）十月，朱橚再度被告發，而且朱棣放話說要嚴辦。這次朱橚終於悔悟，進京哭求免罪，總算再次寬大，被削去了護衛兵權，從此老老實實。

但這個幾次被削的朱橚，卻還有另一奇功，他是明初傑出的學問家，特別是眼看仕途黯淡後，他更是閉門研究學問。他埋頭編著的《救荒本草》，更堪稱《本草綱目》之前中國內容最豐富的中醫寶典。另還有著作《普劑方》，更是中國古代最完備的方劑學著作。這位削藩削出來的大科學家，以其傑出的學術貢獻，值得後人紀念。

經過朱棣一番動作後，明初幾位勢力極大的藩王，都被削得損失慘重。而邊境上的藩王們，更大多被遷入了內地。比如遼東、宣府等邊境地區的王爺，更幾乎無一倖免，哪怕保留爵位，也要挪地方。這樣的後果，一是鞏固了中央權力，但更深遠的後果，作為邊境重地的遼東地區，防務大為削弱，從此都要靠當地部落鎮守維護。後來努爾哈赤的起家，跟削藩不無關係。

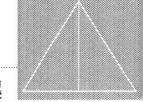

即使這樣，朱棣還是不放心，對於存留的藩王們，更是極力削減力量，各地藩王的武裝，被想方設法削減。藩王干涉軍務乃至地方政務的現象，更是明令禁止，發現了就抓。在那以後，明朝對藩王的禁令越發嚴苛，甚至藩王們不但不能與官府結交，更不許從事士農工商之類的行業。連出城郊遊都要被監控。至此以後，所謂位高權重的藩王，大多成了一群錦衣玉食的高級囚徒。

朱棣的削藩，從效果說，是立竿見影。之後明朝雖然也發生過藩王叛亂，但幾乎每一次都被迅速平定，從沒鬧出過「靖難」那樣的大折騰。而藩王們的生活，也從生下來就注定：只要不亂說亂動，生活還算美好。

藩王從此養不起

在永樂朝之後嚴厲地削藩下，明朝的藩王們，政治上沒了出路，生活上，卻總算還有追求。

因為明朝的藩王制度，一個最大的麻煩就是歷代分封不斷，只要是皇室子弟，就要分封給爵，就是要用國家的財政，把王爺們養起來。日久天長，越養越多，財政負擔也就越大。

明朝養藩王的開支有多大？看看制度規定就知道：皇帝的其他兒子，要封親王，親王的世子襲爵，其他兒子都是郡王。郡王的長子襲爵，其他兒子要封鎮國將軍。再往下，鎮國將軍的兒子們，要封輔國將軍，輔國將軍的兒子封奉國將軍，奉國將軍的兒子封鎮國中尉，如此世代傳承，宗室裡靠國家財政養活的「寄生蟲」可以說是幾何級數增加。

而從財政開支說，親王的固定工資，即祿米，每年就有一萬石，郡王是兩千石，鎮國將軍一千石，輔國將軍八百石。其他的各類爵位，更都有數額規定，累積下來，本身就是個天文數字。另外還有每年不固定的各類賞賜，有時候甚至比固定工資還多。

而對於藩王來說，政治上沒自由，吃飯穿衣受限制，但生孩子的自由，卻是絕對有。大多數的藩王都是逮著機會拼命生。生了就要給待遇，世代繁衍下來，人數滾雪球一樣增加。就拿《天潢玉牒》裡的記錄說，到了嘉靖初年，

各有難念的經

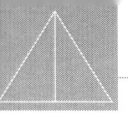

明朝的宗室總數，就比明初膨脹了上千倍。萬曆年間，總數長到三十多萬，明末天啟年間，更有六十多萬。

所以自此以後，明朝歷代皇帝面臨的藩王問題，也就因此不同。明初的皇帝，愁藩王們造反，明中期以後的皇帝，愁怎麼養活這群人吃飯。

這個問題，嘉靖年間明朝御史林潤的奏摺裡，說的就很清楚：天下供應京城的糧食，每年四百萬石，但各王府消耗國家的糧食，每年卻有八百萬石。具體到地方上，軍事重鎮山西省，每年存留糧食一百九十萬石，但當地王府消耗糧食，卻有三百多萬石。河南省存糧九十四萬石，當地藩王消耗糧食，卻有一百九十多萬。也就是說，全國的稅糧加起來，也填不滿藩王的嘴。

而除了這些固定的財政補貼外，各地的藩王們，其實也都生財有道。搞政治沒前途，搞經濟挖國家牆角，那是各個都有一套本事。

最固定的辦法，就是「欽賜」，就是向朝廷討要土地。在明朝中前期，比如宣德、正統年間，明朝賜予藩王的土地，通常都是幾十頃，到了明朝中期，就有了幾千頃，比如明孝宗的弟弟興獻王，就藩的時候，一次就賞賜給他四千多頃土地。等到萬曆、天啟年間的明末，更是變本加厲，比如萬曆皇帝最寵愛的兒子，福王朱常洵，一次賞賜莊田就有四萬頃。

這樣做的惡果可想而知：肥了藩王的腰包，卻瘦了國家的財政，賜出去多少田地，國家就流失多少財政收入，外加每年巨額的恩養藩王的開支，哪怕是太平年月，國家的財政，也常捉襟見肘。倘若趕上鬧災打仗，更時常窮得叮噹響。

而且即使如此，藩王們還是不縮手，大多數藩王，一輩子都在想盡辦法發財，通用的招數，就是侵占民田。

侵占民田的招數，也有好幾種，一種是造假，就是故意把看中的好田地，勾結官府指認成荒地，求得朝廷賜予，然後強行侵占。另一種叫「投獻」，就是很多交不起稅的小民，自願把田地放在藩王名下，以此來逃避稅賦。如此一來，明朝中後期的土地兼併，也就越演越烈。

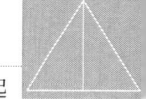

到了明末，土地兼併極為劇烈的河南地區，當時號稱「中州地半入藩府」，也就是說差不多一半的土地，都被藩王侵占。與之對應的，河南成了明末農民起義的「重災區」，那位曾一次性拿到四萬多頃賞田的福王朱常洵，後來更被農民起義領袖李自成殺掉。而在整個明末農民戰爭中，藩王們的巨額財富，平日裡藏著掖著，捨不得拿出來，一鬧農民起義，幾乎都被農民軍打包全收，成了農民軍的錢糧資本。後來明朝亡於農民起義，從這個角度說，藩王們做了「大貢獻」。

《宗藩條例》玩真的

明朝藩王的這些大問題，歷代明朝君臣們，也不是沒有重視，許多有識之士也一直想盡辦法，遏止其日益膨脹的危害性。其中最著名的，便是嘉靖年間的《宗藩條例》。嘉靖皇帝朱厚熜，即位於1521年，這時明朝的藩王制度，經過近兩百年的發展，已經成了一個大負擔。

這個負擔多沉重，說幾個當時的情況就知道：嘉靖七年國家全年的財政收入，只有130萬金，然而每年的財政支出，卻高達241萬金，占支出項目第一位的，就是宗室開支，占第二位的，美其名曰武職開支，就是供應藩王以下，諸如鎮國將軍、輔國將軍之流的角色，全是為了養活這幫人。

而當時的藩王宗室，不但人口多，濫支國家財政的現象也更嚴重，向朝廷要賞賜，更常常獅子大開口。不但藩王要養，藩王下面的子弟們，乃至子弟的親眷們，七大姑八大姨，八竿子打不著的親屬，都敢巧立名目要賞賜。按照戶部尚書梁材的說法，明初的時候，如果養活一府的藩王，需要一萬石糧食，那麼現在同樣的王府，就需要至少十三萬石。梁材還發出了一個驚人的預言：百姓的稅糧有限，藩王的繁衍無窮，這樣繼續下去，後果不堪設想。

放在明朝政治下，官員如此指責藩王，是需要勇氣的。而且嘉靖皇帝朱厚熜本人，就是以藩王身份入繼皇位的，給這樣一個背景的帝王說這事，可以說極其不給面子。但局勢嚴峻，面子也不顧。嘉靖皇帝也看到了問題所在，命令群臣設法解決。

各有難念的經

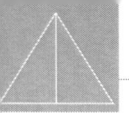

自此以後,明朝也發布了一些相關管理規定,比如嚴格審查,發現冒名請賞的一律嚴辦。此外還加強教育,給藩王們辦學校,教育他們要為國分憂,勤儉節約。另外還有「均人役」,就是改革以往的免稅政策,令藩王分攤部分國家稅賦。這幾樣政策,確實也省了不少錢,但解決不了根本問題。

其實在這期間,最有效的辦法,也有人提出來過,就是當時禮部尚書霍韜提出的「定子女」。內容是把藩王們的後代們,特別是旁支庶出的後代,儘可能編入民籍,允許他們參與士農工商活動,從此自食其力。如果照此實行,藩王資格門檻提升,增長幅度必然大為減少。但嘉靖皇帝思考半天,還是決定「從容審處」,畢竟牽涉十幾萬藩王的利益,不是小事。

一直到嘉靖皇帝晚年,即嘉靖四十一年(1562年)十月,御史林潤的奏摺,再次震驚了朝野。在這封奏摺裡,林潤不但揭露了恩養藩王開支巨大,國家難堪重負的嚴峻現實。更指出先前朝廷的各色規矩,都是小打小鬧修補,如果要徹底解決問題,必須要出臺一部根本法令,作為後世遵循的準則,即「以垂萬世不易之規」。

這封奏摺著實有效,嘉靖皇帝也明白,有些事必須要趕快處理了。隨後經過多方討論,終於在兩年之後,由禮部尚書李春芳主持,實施了著名的《宗藩條例》,內容共六十七條,核心內容有二:第一,嚴格限制藩王們的妻妾人數,娶老婆都要禮部審核。藩王子弟賜爵,更要有資格審查。第二,對藩王的開支進行財政核算,削減大筆無用開支,更減少原定的固定「工資」數額。從那以後,藩王們從襲爵、賜田到日常開支,都有了嚴格的監管,揮霍無度的日子,不再那麼容易了。

在明朝中期,《宗藩條例》的作用也十分重大,嘉靖身後的隆慶、萬曆年間,明王朝在藩王開支方面,也大大縮減,國庫也日益充實,後來的「隆萬中興」,確有這方面原因。但這個著名的條例,還是難以治本,不但對於朝廷賜予藩王土地沒有規定限制,關鍵的「定子女」這條,也是毫不提及。藩王後代的寄生蟲角色,依然絲毫未變。

而對於諸多藩王子弟來說,《宗藩條例》還帶來一個惡果:藩王後代們請爵、封賜都要禮部拍板,而且隨著明朝財政日益拮据,禮部對此卡得也越

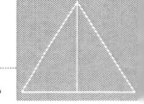

來越嚴。得不到名分的藩王，既沒有國家養，更無法入民籍，自食其力的工作，別說幹不了，朝廷也不許幹，就此沒了活路。到了明朝崇禎年間，有些藩王因為得不到名分，又不許出去工作，竟然活活餓死。

大明軍制揭秘

大明朝的兵，曾經多麼能打

明朝另一個讓後人激動不已的特點，就是強硬的風骨。整整三百年，從生到死，從未有過割地賠款送公主的窩囊事。哪怕最後悲情亡國，從上吊的崇禎到就義的永曆，都是悲壯殉難，毫不偷生。剛烈風采，幾百年來一直令人敬佩。

而如此強硬的風骨，首先來自大明朝三百年來的自信：軍隊能打。

明軍的戰鬥力有多強？看看他們怎麼開的國就知道：面對橫掃全球的蒙古騎兵，硬是從南到北逆襲，將元王朝最後的精銳家底打到灰飛煙滅。最後一路追殺到滿目荒涼的捕魚兒海，以全殲北元十萬大軍的強大戰績，送了這個中國歷史上版圖最大王朝最後一程。

而且明朝軍隊的恐怖之處，更不僅是曾經能打，而是從開國到亡國，一直都很能打。明初前三代皇帝時期，多次深入草原，追殺韃靼、瓦剌部落。後來雖然一不留神，鬧出個皇帝被俘的土木堡之變。但很快又回過神來，成化至弘治兩年，多次精銳出擊，三次差點活捉蒙古可汗。後來嘉靖年間，北方有韃靼侵擾南方有倭寇肆虐，雙線作戰的困難下，也曾一度衰得不行，即始韃靼打到北京城下，又叫倭寇摸到南京城下，可吃了幾次虧後，還是很快回過神來，往北有馬芳、王崇古打得韃靼求和接受冊封，往南有戚繼光、俞大猷殺到安南萬橋山，把倭寇趕盡殺絕。後來著名的萬曆三大征，更是從裡到外，完美全勝。

哪怕是後來後金起家，八旗勁旅殺來，明軍雖然一度敗績連連，可雙線作戰十多年，一直還能苦苦支撐。幾次重大戰役，如果不是高層瞎指揮，完全有翻盤大勝的大好機會。哪怕最後半壁山河淪陷，南明永曆小朝廷，依然

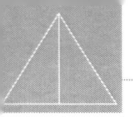

可以送給如日中天的清王朝幾次慘敗，不但擊斃敬瑾親王尼堪，還在眼看要敗退緬甸前夜，送給清軍精銳一場磨盤山慘敗。這支軍隊強大的恢復能力和頑強的生命力，堪稱中國古代史上的奇蹟。

如此強大的能力，首先來自勇敢的士兵。說起明軍的士兵，就得先說明朝的軍事制度。

衛所制下的士兵

明朝建國的軍制，叫衛所制。按照官職等級的劃分，最高軍事機關叫「五軍都督府」，也就是設中、左、右、前、後五個都督府，五個都督府不相統轄，分別管理京城以及各地的軍隊。地方各省的軍事長官，叫做都指揮使，指揮使下面，就是基層軍事單位——衛所。

衛所中的「衛」和「所」，其實是兩級軍事單位，衛的士兵總數為5600人，管轄五個所，每個所的人數在1120人。衛所的最大特點，一是軍事保障自給自足，國家劃撥給衛所土地，稱為軍屯，軍隊除了操練之外，還要耕種土地維持生活。衛所的成員除了士兵外，還有士兵家屬，稱為「軍戶」，屬於世襲當兵。劃給軍隊的土地，則稱為軍屯。

這種制度的好處，一是國家節約了大量的軍費開支，而且可以保證維持數目龐大的常備軍，軍屯的生產更能增加國家財政收入，按照朱元璋的話說，就是「養兵百萬，不費國家一粒錢糧」。二是確保軍隊的絕對忠誠，衛所制度確立後，軍隊的權力也被拆分，五軍都督府雖然是軍隊的最高機關，但是都督府對於軍隊只有管轄權而無調度權，統兵打仗調度軍隊，要有文官負責的兵部來執行，沒有兵部的命令，調動百人以上軍隊就形同謀反。

而一旦遭遇對外戰爭，明朝軍隊的集結，則是透過向各衛所調兵的方式，再給予統兵大將帶兵權，稱作專征。雖說打仗的時候在一塊，但打完了仗後，參戰的士兵，哪個衛所來的回哪裡去，相互間不相統屬，比起唐朝同樣性質的府兵制來，衛所對於士兵的控制力更強，既保證士兵的戰鬥力，也能杜絕將領培植私人勢力。

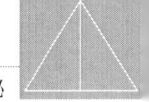

所以總結整個明朝，軍隊始終保持著對中央集權的絕對拱衛，除了由藩王引發的「靖難之役」外，從未發生過地方軍事長官脫離中央割據自立的事。而在這套制度下，明朝軍隊的總人數，也創造了中國封建社會的歷史記錄——洪武年間在冊的軍隊總數，多達一百八十萬。

而如果成為衛所制度下的一個士兵，那麼在明朝的戶口本上，戶口寫的就是「軍籍」，和普通老百姓是不一樣的。普通老百姓的戶口叫「民籍」，是歸明朝「六部」中的戶部來管轄，而士兵則是由衛所所屬的都督府來管轄。

如果入了軍籍，那全家都是軍籍，而且世代不能脫籍為民，可謂一人當兵，全家都是兵，而且代代都是兵。士兵的家屬，就被稱為軍戶，家裡當兵的士兵，被稱為正軍，士兵的兒子，則被稱為余丁。如果「正軍」在戰鬥中不幸犧牲了，那麼這個名額就由這個家中的「余丁」來繼承。如果說這個家庭所有的人都犧牲了的話，那麼這個家庭的軍戶名額，就需要從這個家庭的籍貫所在地，重新找一戶家庭來遞補。

而在待遇方面，軍戶家庭是有一些好處的，比如國家會劃撥給軍戶家庭私田，由軍屬來耕種，並按照戶部的賦稅規定繳納賦稅，但家中當兵的「正軍」，卻要去耕種國家的土地——軍田。軍田產權屬於部隊，早期由士兵耕種，後期因為士兵逃亡過多，主要招納流民耕種，需要繳納規定的賦稅，其實就是當國家的佃農，公田的收益，就是明朝早期軍費開支的主要來源。同時，軍丁還需要負擔戍守京城的任務，一旦被選中了，那麼每年農忙過後，就要調度到京城守衛，路費要自理，而且要到第二年農忙開始前才能回去，可謂來回折騰。

而作為一個普通士兵，在這個體制下的艱辛是很多的，首先是任務重，明朝衛所制規定，邊境上百分之三十的軍隊用於作戰，百分之七十的士兵用於種田。而在內地衛所，通常是百分之八十的士兵用於種田，百分之二十的士兵用於作戰。

雖然明朝早期設定了嚴格的軍事訓練和考核制度，定期就要抽調考核訓練，還要給予賞罰，尤其是作戰部隊成員，通常都是考核中的優秀者。但是絕大多數的士兵，日常的主要工作還是種田。而且即使是種田，受的盤剝也

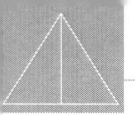

圈子 · 段子之大明帝國日常生活直播
各有難念的經

是極重的，家裡的地，要按照民田的賦稅繳稅，而士兵工作中種的田，要按照比民田高得多的稅，向部隊繳稅。另外定期還需要抽調服役，到京城值班。一旦遇到戰事，如果編入了作戰部隊，更需要按照命令開赴邊境，執行保家衛國的使命。

而隨著明朝政治的日益腐敗，衛所制也出現了大問題，其中直接的問題就是：軍隊的士兵和土地大量流失，被劃為了私產。士兵的流失，主要有幾個原因，一是土地兼併，大量本來屬於軍戶的私田，被豪強地主以及軍隊將領，用各種名目私吞。軍戶沒了地，卻還要承擔國家的賦稅，最後沒辦法只能跑路。

同時正軍所負擔耕種的軍田，也容易被當地軍事將官吞併，原本給國家當佃戶的士兵，變成了給將領自己家當佃戶。

發展到明朝中後期，士兵的地位更加低下，在明朝初期的時候，擅自調動一百名士兵就形同謀反，可到了中後期，士兵們經常被調動，幫達官貴人家裡幹私活。沒有了土地經濟的保障，士兵人員也嚴重缺編，經常是帳冊上有數目龐大的士兵數量，仔細一查對卻完全不是這麼回事，而且僅有的士兵，也經常是一些老弱殘兵。

如此一來，曾經橫掃天下的大明軍隊，就變得越來越不夠力了。明朝戰鬥力的退化，從中期開始局面就非常嚴重。比如「土木堡之變」後，名將郭登臨危受命，擔任邊防重鎮大同的總兵。到任後才發現，按照帳冊，大同原本應該有兵馬八萬多，實際卻只有一萬多。邊防重地尚且如此，其他地區可想而知。嘉靖年間，蒙古韃靼部可汗阿勒坦發動庚戌之變，率軍打到北京城下，當時號稱明朝最精銳的十二團營，卻多是老弱殘兵，根本不敢迎戰，逼得明王朝無法，只得假裝媾和拖時間，等著各地增援部隊趕來了，這才把阿勒坦逼退。

而相比於衛所制的這些問題，對於士兵們來說，衛所制的另一大問題，就是它的僵化。在這套制度下，將領的後代永遠是將領，士兵的後代永遠是士兵，當兵的種田打糧或者修牆鋪路，都基本上很難出頭，除非是戰場上立了大功。可具體到衛所裡，進入作戰部隊的機率，在邊境是百分之三十，在

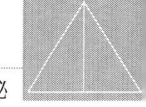

內地是百分之二十，進了作戰部隊，碰到立功機會，也同樣是困難的，如此一來，士兵自然沒積極性。隨著明王朝的演進，失去保障且沒有積極性的明軍，戰鬥力也一度直線下降。

更有積極性的募兵制

相對而言，作為士兵最容易出頭的，卻是在明朝中後期的一種新制度——募兵制。

和中國歷代封建王朝一樣，每當國家傳統軍事制度世兵制走向衰落的時候，募兵制就開始地位漸重。然而對比唐宋各朝，明朝的募兵制卻也有自己的特點，首先是雖然募兵制形成了以將領個人威權為核心的軍隊，但沒有任何一位建功立業的將領，可以威脅到國家的威權，這點和唐朝藩鎮割據時代的驕兵悍將是不一樣的。明朝封建體制的成熟之處正在於，它可以透過有效的監管，對募兵施行監督，既確保軍隊打勝仗，又確保軍隊的忠誠。

明朝的募兵制度，從建國早期就有，比如明朝洪武年間，就有地方衛所招募民壯，用於邊境防禦。明朝正統、景泰年間的土木堡之變以及之後的北京保衛戰中，明王朝也多次以國家名義招募壯丁，參加對瓦剌部的作戰。然而那時候的募兵，還處於附屬階段，一般都是招來了就打仗，打完仗領錢回家，並非明朝常備的軍事制度。

募兵制真正以法律形式固定下來，是在明朝弘治（1488—1505年）年間，弘治二年（1489年），明孝宗頒布了《金民壯法》，規定各省必須要從民戶中，抽調精壯百姓為民壯，這些人平時訓練，戰時若有需要參加戰鬥，作戰經費由朝廷劃撥，立功有賞。嚴格意義上說，民壯和募兵還是不一樣的，民壯是一種民兵組織，其成員身份，也只是臨時壯丁，而非正式國家軍隊，然而這個法令的頒布，卻為明朝中後期大規模募兵奠定了基礎——募兵的選擇範圍，主要就是以當地民壯為基礎。

而相比於民壯的民兵身份，募兵的成本顯然要高得多，一旦招募為兵，就要按月發軍餉。而在這之前的朝代，募兵之所以容易造成悍將割據，主要由於募兵是由將領主持，選進來的兵，自然就成了將領自己的兵，日久天長，

各有難念的經

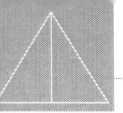

這支招募來的部隊，就成了將領自己的軍隊。等於是拿著國家的錢，養了自己的兵。

這種傻事明朝顯然是不幹的，從頭到尾，明朝募兵有著一套嚴格的審判程序。地方官是沒有權力私自募兵的，每招募一支新軍隊，都需要朝廷批准，並且由朝廷派專人主持。這支軍隊成立後，其監管也是相當嚴格的，雖然部隊由武將帶，但上頭有文官統帥，部隊裡也有監軍督查，相互間互相制約。因此再強悍的部隊，也無法割據自立。

而對於士兵來說，募兵的好處，自然要好過衛所制。首先是利益保障，要讓士兵打仗，就要真金白銀地給錢，然後是升官機會多多，雖然少不了腐敗，但要想升官，就需要有實打實的軍功。

一個數據就可以佐證，在明朝中期之前，明朝有名的軍事將領，特別是武將，絕大多數都是世襲出身，由中下級軍官升上來的少之又少，士兵出身的則更少。而募兵制下，由士兵出身，最終成為方面大將的，卻絕不止個例。比如抗倭名將鄧子龍，就是以平民身份應募，在節節立功中，最終成為一代名將。

募兵機會大，但也要分成為誰的兵。雖然明朝募兵管理嚴格，但軍隊要想打勝仗，關鍵還要看將領，所以跟對人就顯得尤其重要。明朝帶有募兵性質的軍隊，通常會被外人以將領姓氏代稱，稱為「某家軍」，以嘉靖年間為例，北方大同總兵馬芳的軍隊，被稱為「馬家軍」；南方抗倭名將戚繼光和俞大猷的軍隊，被稱為「戚家軍」和「俞家軍」；而遼東李成梁的軍隊，則被稱為「李家軍」。

這幾支部隊，都是明朝募兵制下的模範軍隊，哪怕是個普通小兵，只要好好打仗並且能幸運活下來，橫刀立馬當將軍的可能也是很大的。

放在募兵制度下的具體部隊中，作為一個普通士兵，出頭的機會，既比衛所制下簡單得多，也要大得多，只要是刻苦訓練，奮勇作戰，就有機會出人頭地。而放在名將統帥的募兵制軍隊中，士兵要想熬成將軍，首先要成為一類人——家兵。

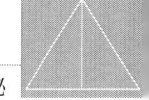

所謂家兵，就是一支募兵制軍隊中，帶兵將領親自挑選軍隊中的精壯，組成的貼身嫡系將領衛隊，人數通常不多，作用卻極其重要，而且升遷的機會也足夠大。通常被選為家兵的士兵，都是將領絕對看重信任，並且引以為心腹者，甚至表現好的家兵，不但有可能升官，更有可能被將領引以為接班人。

比如嘉靖時期的大同守將馬芳，他就有一支百人的家兵部隊，這支部隊除了在作戰中擔負他的護衛任務外，還擔負著戰前偵查，警戒等任務。遼東總兵李成梁，也組建了他的李府家兵，並且在他退休後，由他的兒子李如松繼承。萬曆抗倭援朝戰爭的碧蹄館之戰中，李如松遭到倭寇數倍於己的軍隊圍困，關鍵時刻正是李府家兵們奮勇作戰，保護著李如松成功殺出重圍。

一旦成為家兵，不但有極高的軍事待遇，還有額外收入，比如李成梁的家兵，拿著高工資不說，遼東屯墾的土地，也被李成梁按照人頭，分配給他們，幾乎每一個家兵都是有良田一片的大地主。然而有時候，太高賞賜反而是反作用，還是以李成梁家族為例，到了萬曆晚期，昔日橫掃天下的遼東鐵騎早已腐化不堪，在努爾哈赤崛起遼東後，很快被打得稀里嘩啦。

相比之下，在募兵制的制度上，貢獻最大的明朝名將當屬戚繼光，相比於明朝其他將領的募兵，戚繼光最大的不同點是：其他的將領都是靠個人的威信恩典，來維持整個軍隊的戰鬥力。戚繼光卻認定，制度比人更靠譜，他所打造的戚家軍，是一支無論他在與不在都能依靠嚴格的制度與堅決的執行力，從始至終保持高昂的士氣、決死的勇氣、頑強的鬥志、一往無前的精神的軍隊。

戚家軍的特點，首先是條令特別嚴格，如果進了戚家軍，從做士兵角度說，也許是最苦的，因為其訓練內容及細化程度，比如練武藝，訓練的時候，基本的格鬥技術都是兩人一組拿著木製兵器對練，要被人家打趴下了，不但要扣工資，還要被懲罰加練，如果打趴下了對手，則會漲工資。漲完工資後，會安排更厲害的戰友對練，如果不幸被打趴下，照樣扣工資。

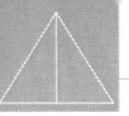

另外諸如騎馬、射箭等各種軍事技能，不但每天有嚴格的訓練，按月更有嚴格的考核。戚家軍士兵的基本月薪，大約是五兩白銀，本身就不高，如果你日常訓練表現不好，那更可能連個零頭都拿不到。

除了訓練苦外，戚家軍更要命的是懲罰制度嚴格。戚繼光的懲罰方式，除了犯下罪大惡極的罪過要殺頭外，其他的罪過，主要就是罰款和打板子，但規矩極其多，比如不許在軍中賭博，不許姦淫擄掠，不許泄露機密，作戰的時候，聽到號令不敢前進呢，戰後也要秋後算帳受罰，沒接到命令就擅自衝鋒的，就算立了功照樣要受罰。當然也有比較寬容的一面，如果士兵是犯的小錯，而且又是初犯，可以免於初犯，但一旦再犯，就要加重處罰。不過有五項過錯，就算是初犯，也絕對要重罰的——賭博、姦盜、泄密、殺人、謀反。一個紀律不好的士兵，如果放在戚家軍中，就算沒死在戰場上，罰也能被罰死。

當然，為了士兵不被罰死，在選兵上，戚繼光也有嚴格的規矩，有可能被罰死的士兵，在選拔的環節裡，大多都被淘汰了：在衙門裡做過事的人不要，性格暴躁的不要，相貌油滑的不要。甚至有城市戶口的，在城裡打過工的也統統不要。戚家軍招人的時候最容易面試透過的，是那些性格憨厚，身體強壯的農民。

當然，僅靠嚴格的懲罰，是不足以讓戚家軍橫掃天下的，其實仔細研究一下戚家軍的制度就會發現，只要好好幹，在戚家軍裡不但發財容易，升官也是大有希望的。

戚家軍最被後人稱道的就是它的獎勵制度。獎金最豐厚的獎勵項目，就是戚家軍每年正月、四月、七月、十月的初二，是戚家軍搞大比武的日子，也就是所有的士兵在每年的這四天，都要接受軍事技能的考核，而且還要根據考核的成績排出名次，差的扣錢，好的獎勵。如果能在考核中表現突出，不但可以拿到大筆的獎金，而且還能成為軍官的培養對象。

更值得一提的是，每次考核中排名第一的士兵會拿到這次考核最高的獎金：五百兩白銀。如果一個士兵可以在每年的四次考核中全都拿到第一，那

麼獲得「大滿貫」的他，總獎金高達兩千兩，按照匯率換算成台幣，相當於今天三百萬元。考試考得好，在戚家軍裡混成百萬富翁絕不是神話。

當然戚家軍也不只重考試，打仗的時候，如果殺死一個敵人，就可以獎勵三十兩白銀，折合台幣二萬五千塊。如果作戰的時候，在衝鋒命令下達後你衝鋒勇敢，也可以獲得十兩白銀的獎勵。另外每次打完仗後，繳獲的戰利品，也都折合成白銀由士兵們平分，只要打勝仗多，獎金也就多。

懲罰嚴格的戚家軍，不但發財機會多，而且升官的機會也同樣多。戚繼光是極重士兵提拔的，每次戰鬥後，都要把作戰勇敢的士兵統計在冊，只要能夠持續表現良好，很快就能獲得升遷。看看明朝中後期的將領名目就可以看到，萬曆年間的武將，由士兵身份成為將軍的人，戚家軍出身的占了很高比例。比如抗倭名將吳惟忠正是此例。

而這也正是戚家軍強大的原因，嚴明的軍紀、公平的賞罰、嚴格的管理，另外還有一條，就是堅定的信仰。戚繼光極其重視思想教育，不但把忠君思想編成文盲都能聽得懂的歌謠在軍營裡傳唱，同時每支部隊都設立了戰旗，戰旗上繪有不同內容的圖騰作為軍隊的標誌，把忠君的思想幾乎滲透進士兵的骨髓。

他的這些帶兵奧妙，都寫入了他自己的軍事著作《練兵紀實》中，晚清軍事家曾國藩等人練兵時，也從中受益頗深。在明朝當時，這套新軍事制度也產生了重大的效用，嘉靖後的隆慶、萬曆兩代，由於張居正改革實現了國家的富庶，明朝有了更多的資金來進行募兵，同時「考成法」的推行增加了官場效率，遏制了貪汙腐敗，因此明軍的武備也為之一振。著名的「萬曆三大征」時代，明軍可以獲得全線大捷，軍力強大正是基礎。

而在嘗到募兵的甜頭後，從明朝嘉靖年間開始，明朝募兵的比重越來越大，傳統衛所制下的士兵，越來越多的都棄之不用，尤其是北方邊防重鎮，基本都用募兵來鎮守。雖然明朝嚴格的監管體制，有效杜絕了募兵制可能造成的將領專權，但另一個問題又浮出水面：募兵的效果打了折扣，監管過多，所選士兵的質量也就下降，除非是遇上戚繼光、俞大猷這樣的名將，否則如果是一般的將領，那可以說是白花錢。

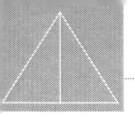

晚明面臨遼東後金和農民軍起義的重大壓力，募兵的比重也大為增加，可也經常出現這樣的笑話，經常是士兵招募起來，拿了賞錢後立刻一哄而散，等於是被白花錢。之所以會有這種現象，還是因為明朝嚴格的募兵監管，與明朝政治體制的清明程度息息相關，如果遇到政治嚴重腐敗，效率極其低下的情況，募兵的結果，也基本是無用的。

因為募兵由中央派員主持，派來的如果是庸才，自然招不到好兵。募兵的錢是由國家發放，如果碰上層層剋扣，最後拿到士兵手裡的杯水車薪，當然沒人買單。即使賞錢豐厚，如果執行募兵工作的人收黑錢，招進來的全是酒囊飯袋，那花了錢等於去送死。

而更大的隱患卻是，募兵越來越多，軍費開支自然越來越大，等到了國家經濟難以承受的時候，國家必然破產。明朝晚期，國家軍費開支每年高達近五百萬兩，即使如此，軍餉還經常拖欠，就算是遼東這種身負抗擊後金重任的前線，軍餉也不能保證按時發放，一般都是過幾個月補齊。其他地方自不用說，拿不到工資的士兵，在求告無門的情況下，也只能幹一件事一起造反。最終滅亡了明王朝的李自成的百萬起義軍中，相當一部分都是原明朝軍隊的士兵，很多都是因為拿不到工資走上了造反的道路。

而且隨著明朝募兵越來越多，許多募兵的軍種，其實也越發失去了效用，反而成了財政負擔。晚明也曾多次裁減軍隊，減輕負擔，但裁減的結果，也是把這些士兵，在生計無著的情況下逼上了造反的道路。親手把明朝送上死路的李自成，其本人就是被裁撤的驛卒。明朝最後的滅亡，或者可以這麼說：是被本來擔負保衛它的軍人造反，最終送上了絕路。

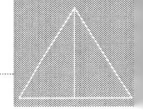

明朝式的優雅

▌晚明的享受風

大明王朝從萬曆後期的衰敗算起,一直到崇禎孤獨地踏上煤山上吊的宿命,所有的痛苦與悲情,濃縮在一起便是一件事:窮。

明朝的窮,從帝王到百姓,說起來都是把把辛酸淚:皇帝窮到崩潰,絞盡腦汁挨著罵想法子弄錢;政府窮到抓狂,財政收支連年虧;軍民們更窮到悲慘:西北災區餓殍遍野,屠弱的饑民不是餓死,就是被兇殘的賊兵當「口糧」殺死,場面十分悲慘。

更悲慘的卻是奔波的軍人們:有的軍餉常年拖,不得不打劫百姓混個肚圓;還有的拿不到軍費,氣的綁了地方官,發瘋似的揍,揍的被綁官員羞憤自殺,然後翻遍了官庫,卻硬找不到一分錢。甚至就在李自成兵臨北京的時候,那些大明朝最後壓箱底的派去抗擊李自成的軍隊,竟然因為常年拿不到糧餉,不得不殺掉自家的兒女充軍糧,以吃飽肚子上陣殺敵……

但就是這樣一個苦難的世界,卻還有另一個離奇的場景:就在戰亂地區水深火熱,王朝面臨滅頂之災的生死關頭,那些還未曾被戰亂波及的地區,生活卻出奇的幸福自在,甚至衣食住行都享受到極致精美。哪怕是草民百姓,日子也過得極其舒坦快樂。同一片國土上,極度的悠閒享樂與極其悲慘的苦難,就這樣同時地存在。

這便是明朝滅亡時代,留給今天最沉重且最時常被無視的教訓:表面的繁華奢靡下,戰亂與貧窮,在人們的沉迷享受中悲情地擴散,不斷地造就滅亡的慘劇,但未曾波及的地方,依然沉迷於休閒安逸而不自知。於是早早晚晚,先後走向終結。

要知道這個教訓和這個現象的原因,就該先打開晚明民不聊生的表象,看看明朝百姓,富到了什麼程度。

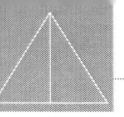

明朝式的優雅

明朝人為什麼富

明朝人的富，自然來自強大的生產力。

自從明朝建國後，雖然皇帝經常不管事，大臣熱衷互相箝制，間或還有太監亂政，時常都不「靠譜」，但唯獨更新換代的生產技術「靠譜」。從種田打糧到紡線織布，各行各業挨個數，全是琳瑯滿目的高科技。

尤其千姿百態的，便是傳統農業：鑿井澆地和水車灌溉在中國南北方全面鋪開，輪作等耕種技術更進步神速，還有多種「新型綠色環保」肥料與土地增肥技術。農具水平更全面升級，生鐵淋口技術造出的新器械，更加結實耐用，更出現好些新花樣：強力的人力犁「木牛」，大功率的稻穀脫粒設備「稻床」，手搖小水車「拔車」。這些新型農具，早已達到了工業革命之前，傳統機械動力的最高水平。

讓當時西方傳教士們開眼的，是好些突破性農業科技：陸續出現在太湖地區和珠江三角洲地區的「基塘」，做到了桑魚結合多種養殖，更借養魚消滅了恐怖的瘧疾。更強大的是稻種革命，北宋時期由占城傳入的高產量早熟稻，在中國南方大地開花結果。這種最高可達一年三熟的寶貝稻種，成了中國南方農業的普遍現象，這是一場意義堪比20世紀「綠色革命」的農業變革。

這樣強大的生產力，在同時期西方傳教士筆下，更留下了豐富的記錄。利瑪竇在自己的書信裡由衷地稱讚中國農業的產量遠超過西班牙。金尼閣的《基督教遠征中國史》裡說得更直白：歐洲能種的中國都能找到，產量更比歐洲富裕的多，米麥魚肉的價格都十分便宜。而曾德昭的《大中國志》裡描繪得更細緻：不但有強壯勤勞的中國農民，更有各種大開眼界得農業器具。以至於不管多麼貧瘠的土地，中國農民「都能使它有所收成」。

明末清初理學家張履祥記載，江南地區平均畝產量高達三石，最高產量換算成現代單位，有稻穀一千二百斤。嘉靖年間名臣霍韜的記錄中，珠江流域畝產最高水平更突破了十石。同樣強大的還有專業的農業人才：明末《沈氏農書》裡記載，嘉興地區的農業雇工，單人每年的勞動生產率，最高有稻米五十六石，換算成現代計量，值大米八千五百多斤。

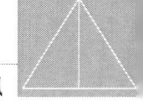

上面這些數據有多恐怖？不但清朝康乾盛世的頂峰時期未曾突破，即使是現代民國專家極力吹捧為「蔣介石黃金十年」的中華民國十年建設期，同樣難望其項背。現代農業學家推算明代的畝產量，即使在占城早熟稻大規模推廣前，中國南北平均畝產量就已接近三百五十斤。而按照南京國民政府農林部的統計，清末至抗戰爆發前的最高平均畝產水平，也不過二百九十斤。

而被繁榮農業直接支撐起來的，更有連鎖反應般強大的手工業。素來強大的紡織行業，生產技術更高速進步，全新設備層出不窮，新式的紗綢機和改機，功率遠超前代，以胡琢《濮鎮紀聞》裡的說法是「擅絕海內」。明代紡織品細密程度超過宋代數十倍，品種更空前增加。

新興棉紡行業更強大，強大的五穗紡車，造價低廉使用輕便，為家庭生產必備，以宋應星的形容，一個農婦操作該設備生產，效果可頂三個壯漢。更震撼的是江南地區的水轉大紡車，堪稱當時全球最先進的自動化設備，一天產量破百斤極輕鬆。

而晚明引進的西方軍火科技，更是明代整體生產水準的縮影：歐洲傳入的火槍火炮，經明朝軍工體系改造後，殺傷力驟然升級。典型如紅夷火炮，經明朝引進後改由獨特的鋼管冷卻技術鑄造，火炮殺傷力與使用壽命都大幅提升。西方掌握這類技術，還要等美國南北戰爭時。這就好比武俠小說裡，一種強大成熟的內功，完全可以提升武藝的殺傷力。明朝的生產「內功」，就這樣冠絕全球。

強大生產的催動下，大明的商業貿易也極繁榮，比起明初的完全政府壟斷來，晚明最逆天的場景，就是民營行業的如火如荼。比如瓷器業，單當時著名的景德鎮，官辦作坊不過幾十，民營作坊卻有上千。商業活動也更熱鬧，特別是隨著嘉靖四年，白銀確立為法定貨幣，商品經濟更隨之井噴：新興商業城鎮大面積出現，如北京、南京等傳統大都會，繁華程度更是空前。外貿也越發熱烈，東南沿海外商雲集，照歐洲經濟學家說法，世界上三分之一的白銀都湧入了中國。

這樣的熱鬧，一度也造就了明代倉儲豐厚的景象。而有錢有糧的時候，明朝政府給老百姓花錢也常大方：遍佈各地的專用賑濟倉庫「濟農倉」，

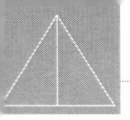

三百年裡活命無數；最早的全民公費醫療「惠民藥局」更恩澤蒼生。每逢饑荒年，明朝政府還會撥出專用錢糧，幫助災民贖回被賣的兒女。

最富庶的東南省份，還有獨特福利政策，不但專門收留孤寡流浪漢的「養濟院」常年錢糧豐厚，而且凡是受災群眾，都能白送土地、耕牛。如此美好景像素來史不絕書，很多後人每讀到類似篇章，都大呼難以想像：這就是那個連西北鬧災都賑不了的明朝？

好些清初明朝遺民們特別懷念的，便是晚明的美好生活。照著清初學者陸應的深情回憶，萬曆年間的老百姓，除了吃穿外，業餘生活也豐富，經常喝酒聽戲。以他自己的話說，就是「至今好不思慕」。廣東人陳舜在《亂離見聞錄》裡描述天啟年間的物價：一斗米賣二十錢，一斤肉只有六七文錢，物價「百般平易」，再窮的人也吃得起。即使是經濟遠落後於東南的北方地區，以清康熙年間的老遺民丁耀亢的感慨，萬曆年間的山東農村，家家戶戶都是健牛肥馬充斥，一斗粟米只要十錢。想起那豐衣足食的往事，看看貧困的晚年，哪怕當時文字獄厲害，他還是忍不住「如何過之心不哀」。

而這些讓清初的老人們依然懷念不已的明朝生活，絕非是哪個時代的曇花一現，相反卻是終明朝最後半個世紀的尋常圖景。繁榮富庶的幸福世界，與哀鴻遍野的悲慘，幾乎同存於一個時代，直到這個世界被完全地毀滅。

反思這個世界的毀滅，首先看看這個世界裡幸福的人們，都在怎麼揮霍幸福。

明朝人怎樣炫富

說起晚明的社會風氣，與艱辛困苦的饑荒戰事相對應的，便是極盡奢華的奢靡風。

這其中首先扮演主角的，便是士大夫階層。不誇張說，他們就是明末最幸福的一群人：帳面薪資低，但灰色收入多，特別是中了功名後，不管官位大小，免稅特權總不少，外加商品經濟發達，國家法律漏洞大，輕鬆便能攪和賺一把。這些人外加公共形象裝得好，聲望從來弄得高，皇帝都要怕三分。他們堪稱明代最囂張放肆的階層，在享樂這件事上當然要領風氣之先。

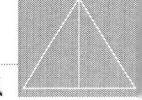

這群人的人生追求，比起前輩們治國平天下的高境界來，可以說十分現實。照著袁宏道的總結就是「五快活」：第一種快活是什麼都見過，好玩的地方都去過，好聽的音樂更都聽過。第二種快活是家裡有錢有地，成日宴會不斷，高朋滿座。第三種快活要裝格調，家裡藏書極多，又能約十幾個知心朋友，寫幾篇華彩文章。第四種快活要下重本，買一艘豪華遊艇，上面載滿美豔妻妾，每天淫樂度日，直到樂爽到死。第五種快活卻是徹底不要臉皮，散盡家財放浪形骸，厚著臉皮乞討度日，十分輕鬆愉悅。

這五種快活，便是晚明相當多的士大夫們的追求。照著《萬曆野獲編》的說法，好有些士大夫的人生，更為此搞成了三部曲：中了功名之後，先給自己起個別號，方便「刷聲望」混士大夫圈。進了北京之後，抓緊時間娶個小妾，漂亮不漂亮不重要，關鍵要交際圈子廣。最後最重要的，就是買田置地，甚至不惜重金建造豪宅。然後，就可以放心大膽地追求快活了。

除了少數人物外，晚明絕大多數公務員，宦海生涯都是這麼追求過來的。當然有些人一輩子玩命撈、玩命快活，卻還比較實誠，比如名士張岱，尚且還能在文集裡承認自己人生沒追求，就是個貪圖享樂的敗家子。更多的是會裝的，明明一輩子猛撈、猛貪、玩命享受，偏偏還愛裝得為國為民，走哪都把國家大義掛嘴邊，東林黨重量級人物李三才便是其中的「傑出」代表。

這群人追求快活的過程，更是不惜重本和手段。比如最直接的「吃」，連傑出改革家張居正也不免俗，一頓飯的菜品有幾百種，就這還十分不滿，嫌沒哪個菜能下筷。如此不爭氣，鬧得後世好些熱情謳歌張居正改革的專家們也尷尬，只能捏著鼻子無視。

不爭氣的又何止一個張居正？以明代《五雜組》裡的記錄，當時高官家裡的宴會，花樣相當豐富，從草原的馬奶到森林的熊掌，甚至海裡的鯨魚肉，幾乎都應有盡有。吃一頓飯的花費，就是一戶中產階級的家當。這樣的消費水平裡，張居正懶得動筷子，也就十分正常。

而且要仔細看看晚明的宴會風氣，改革家張居正甚至可以算得上艱苦樸素的類型。從宣德年間開始，明代大小官員家的飲宴，就流行美貌歌姬助興。即使如「三楊」這樣高大上的政治家，看不到美女也絕吃不下飯。

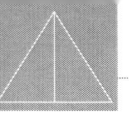

明朝式的優雅

而在吃的內容上,晚明更湧現出吃貨無數。最有名的還是名士張岱,自己開了張單子,列盡天下奇珍美味,發誓一生必須吃到,更不惜一擲千金。好些大官家裡都開酒坊,燒錢造名酒,流傳到今天的名酒品牌,更多達三十三種。普通士大夫家的宴會規格,菜餚品種通常便是幾百種,互相比著豪華奢靡。

比起其他階層來,士大夫們除了敢花錢外,更要講究格調。按照當時的說法就是「有致」。放在飲宴上,除了敢花錢外,更要會花錢。除了要選擇風雅的園林做場所外,還要有吟風弄月的詩會,倘再配上高雅的戲班名妓,唱幾段清麗小曲,便是更加錦上添花。

而比起這樣的喧鬧來,好些士大夫更有清淡的追求:禪悅。這事往白了說,就是參禪禮佛,追求心靈的安寧。具體的做法,一是自己清修,也就是參禪。二是拜佛捐錢,也就是禮佛。三是砸錢跟名僧交往,美其名曰飯僧。照著顧炎武的說法是,南方的士大夫,晚年都喜歡修佛,聚會的時候就喜歡談禪,相互聊起話題,內容海闊天空,凌駕現實之上,還衍生出一大批雲山霧罩的著作,比如王肯堂的《參禪要訣》,袁宗道的《參禪正統》,後輩凡夫俗子們拼命的讀,也時常一頭霧水。

而比起禪悅的清淡來,「狎妓」這件熱鬧事,士大夫們卻相當喜聞樂見。這樁明初年代的羞恥事,明末早變成風雅的美事。除了官員家裡但凡有宴會,便必然邀請名妓助興外,好些士大夫還搞出娛樂活動:學著科舉的排名,在妓院裡舉行妓女評比,這種競賽在當時稱為「花榜」,好些風流名士都熱衷參加。諸如「秦淮八艷」之類的明星,都是這麼評出來的。最後的事實也證明,這些評出來的明星女子,多半都比士大夫有節操。

而且不管玩什麼,這群追求快活的士大夫們,都有一件共同的快活事要做:放下筷子罵娘。基本就是誰當權,就罵誰,然後國家出了事,習慣性地接著罵,皇帝有點小毛病,更來回罵。國家百事艱難,誰勇挑重擔幹活,誰更會被這些人罵死。他們鑽著國家漏洞挖著國家牆角,摟著美貌女子聽著淫詞浪曲,吃飽喝足就習慣性的罵人罵事撈聲望,卻極少想為這個危機中的王朝做些什麼。隨著大明王朝的分崩離析,這些一輩子極盡追求快活的風流人

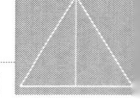

物們，要不賣身漢奸，節操盡碎；要嗎家產盡毀，被南下清軍打包全收。這群享受了明朝好處卻罵了明朝一輩子的人物，直到這個王朝被自己親手斷送，才明白自己荒唐一生，到底鬧沒了什麼。

也正是在這些領風氣之先的風流人物們的帶動下，明末的奢靡享受風氣，從上流社會一直刮到民間。

還是以吃來說，官僚家的奢靡風氣，平民百姓家也效仿得厲害，不管有錢沒錢，吃飯的面子絕不能丟。《嘉定縣誌》記錄，當時即使是普通老百姓家辦宴席，也極盡山珍海味，一頓大宴會的花費，通常是這個家庭數月的收入。不只是菜品精美，連器皿都要極盡高檔，比如嘉興地區，每個客人的餐具，都是十五六兩重的金銀製造。一個普通宴會的花費，更要五十兩白銀起。酒的消耗更是極大。淮安一府每年釀酒花費的糧食，就需要麥子一百萬石，就這還遠遠不夠需求，逢年過節都要從外地買酒。

穿衣服更不能落後。晚明時代，明初各種穿衣服的禁令早蕩然無存，各種奇裝異服常年招搖。官僚們更帶頭愛美，偉大的改革家張居正，在這事上又做表率：一頓飯至少要換五次衣服，而且每次都要更加華美。愛美比美，更成了士大夫之間的風尚，競相聘請知名裁縫，用高檔綾羅綢緞製衣。官太太們更不落後，普通京官家的老婆，僅置辦首飾的花費就要四百多兩。

這樣的豪華風氣，也一樣傳染到了民間。哪怕是窮得叮噹響的書生，如果用粗布做衣服，都要被人嘲笑。放在已經政局水深火熱的崇禎年代裡，誰要是不用湖羅衫，必然會被人笑死。普通的城鎮裡，誰要是出門還穿樸素的布袍，更會如珍奇動物一樣被圍觀嘲笑。京城裡加工服飾的各種店面更是林立，做服裝生意的小販，按照萬曆名臣于慎行的估算，一些老闆竟家資千萬。同樣還是于慎行的記錄，京城裡這些賣服裝的、做醬油醋飲食生意的，看似店鋪不大，為人謙虛低調，但基本都是富可敵國的頂級富豪。

而在利瑪竇的記錄裡，當時東南即使是最底層的農民，家裡也都會置辦上華貴的衣服，逢年過節熱熱鬧鬧地出門招搖。而鄭廉的《豫變紀略》裡，那個還沒有被李自成農民軍波及到的河南，更繁榮得彷彿樂土：但凡有點功名的士大夫，家裡都修起了豪華宅院，養了歌姬戲班，每天宴會不斷。誰要

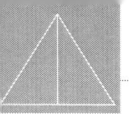

是不搞點遊樂項目，必然會被嘲笑老土。而到了節日的時候，老農民們都會騎上大馬，穿上華美的衣服，外出參加宴會。

倘若沒有戰爭和饑荒，明朝人的生活，從官到民，都舒服得讓古代史羨慕，讓老遺民們回憶到流淚哀傷。

誰毀滅了明王朝

可是這個世界，終於還是毀掉了，為什麼？

為什麼明明有些地方富到流油，舒服得安逸快樂，卻沒有人去關心怎麼解決另一邊的饑荒。為什麼從官到民，都十分的有錢，但軍隊沒錢，朝廷沒錢？

明朝遺民丁耀亢回憶萬曆年間生活的詩文裡，還記錄了這樣的場景：萬曆朝的四十八年，從官到民都舒服得久了，以至於士大夫們都以談兵事為羞恥，軍隊屯田也幾乎全荒廢了。

被荒廢的又豈是這些，還是一個老生常談的問題：明朝政府的稅收體系，與整個國家的經濟生態，早已是完全地脫節。仔細對比晚明的社會狀況，才知道脫節得有多嚴重。不只是商業稅難以徵收這個問題，即使是國家現有的農業稅，徵收效率也低到嚇人。

比如東南的農業稅，帳面數字極高，但執行起來，除了早期兩代帝王外，卻是十分空洞。自宣德年間起，江南田賦拖欠便成了老問題。每年的賦稅從來沒有收齊過，拖來拖去成了歷史問題，再由新皇帝減免，更成了江南官民屢試不爽的老把戲。

而到了晚明年代，黨爭的加劇更令這些士大夫官員們找到了「刷」聲望的絕佳辦法：擺出為民請命的姿態，想辦法拖欠賦稅，上下其手一下子便成了政績。而他們自己卻絲毫沒吃虧，既撈了名望，又拿到了地方士紳的好處。還有的官員，更藉機把持地方的商業活動，還幹出發行假錢飽私囊的事，典型還是東林黨，從來不少賺。

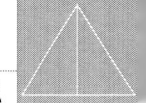

而最可惡的是，正是這樣一群人，明明撈夠了國家的好處，嘴巴卻從不留情，大事沒主意小事罵上癮，幹事不見影添亂最積極。末代皇帝崇禎，一輩子用得最多的是這類人，臨上吊前罵「皆可殺」的，也是這類人。

而即使是崇禎帝，他被後世抨擊為橫徵暴斂的「三餉」，真正拿到手的錢也打了折：同年拿到的只能是預征銀，大頭都是第二年開徵，外加地方官們各種減損瞞報，朝廷真正拿到的不足六成。

而且明朝的官員們，即使在考成法最嚴苛的張居正時代，收稅不力的最嚴重懲罰，也無外乎罷官。甚至就這懲罰，也通常是官員賺聲望的最好手段。哪怕是殺官員殺到瘋的崇禎，官員能完成八成的稅收任務，就算是好業績了。

而在王廷相等政治家的文集中，更記錄了很多地方拖欠政府稅收的現象。像王廷相自己就記錄了四川地區稅賦拖欠的驚人情況，拖欠比率最高的地區，竟高達百分之八十。以王廷相自己的話說，好些官員寧可要國家吃虧，也不會追討老百姓，寧可自己政事不力，也不能讓老百姓傷心。其實就是變相地積攢自己聲望。

而明朝的商業稅徵收，常年更成了兒戲。後人常抨擊萬曆的礦稅政策，可萬曆皇帝自己也委屈地說：國家打仗沒錢，如果不加商業稅，難道加派給窮老百姓？加派給窮老百姓的後果，崇禎體會得最深。

而直到明亡清興的完成，中國的老百姓才更深切地體會到什麼叫橫徵暴斂：號稱永不加賦的大清，徵稅制度比明朝嚴格得多。像明朝年代可以結社抗稅博取聲望的便宜事，到了清朝就成了死罪，首先不知死的就是大文豪金聖嘆，組團抗議加稅，滿以為順治皇帝會像明朝皇帝一樣好說話，沒想到被活活砍了頭。

在清朝時期，拖欠一分錢賦稅，於官於民都是死路一條，官員要被追責查辦，為了保官位只能往死裏催，老百姓繳不上稅，更只能找地主大借高利貸。順治年間的江南，很多人因為交不起賦稅還不起高利貸，只能舉家逃亡，田產全被八旗營兵充公。而以陳舜的記錄，康熙年間為了追討賦稅，廣東省一次就打死包括鄉官在內的官民六百多人。而在康熙年間的遷界禁海中，官

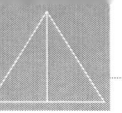

員藉機霸占民產更是常事，僅為大官搬運搜刮來的百姓財富，就累死了十多個民工。

而到了乾隆年間馬嘎尼訪華時，英國使團的筆下，記錄了與明末傳教士完全不同的一幕，他們沒有看到傳說中勤勞聰明，生活富裕休閒的中國農民，只看到了一路破舊的房屋，生命如草芥一樣為英國使團拉縴的民工們。一個民族從強盛到衰落的過程，這些普通的民眾便是縮影。

一個明朝畫家的遭遇改變中國美術史

如果說書畫藝術的世界，也好比江湖，那麼屬於明朝的江湖世界，可以說空前精彩。

明朝美術有多強大？稍微瞭解點書畫藝術或收藏，便可深有體會，各類流派雲集，獨具特色的作品，彼此爭奇鬥艷。特別是明中期後，名家名品更是薈萃，從唐伯虎到徐文長，或從董其昌到「八大山人」，都是清一色的「強人」，更不斷覆手翻雲，締造傳世精品。這樣的美術世界，就是高手對決不斷的江湖，絕招層出不窮，情節精彩紛呈，後人回首看去，那一幕幕美侖美奐，直叫人大呼身不能至，心嚮往之。

但如果時光再往前推，對比下明初的書畫發展，更能叫人生出一陣訝異：這個精彩紛呈的江湖，在明初的時候，卻只能一團「漿糊」來形容。數得著的名家，雖然也有幾位，卻大多是宮廷畫師，民間高手著實稀缺，論及藝術作品，更是千篇一律，極缺創意，從題材到技法，都可謂極度匱乏。對比明中期後的繁榮，這時的明朝書畫，只能說一片蕭條。

反差如此大，原因自然多，首先是經濟原因。明初百廢待興，民生凋敝，老百姓肚子都吃不飽，風雅當然無從談起。更重要的卻是政治原因：明朝以嚴刑峻法立國，衣食住行都規矩多，連穿錯衣服戴錯首飾都有可能獲罪，繪畫的限制更限制到嚴苛，什麼畫用什麼顏色採取什麼技法，樣樣都有講究。明初的畫家，因為一筆不慎，就鬧到獲罪甚至家破人亡悲劇的，著實有太多。這樣一個又窮又專制的世界，美術事業死氣沉沉，也就不足為奇。

一個明朝畫家的遭遇改變中國美術史

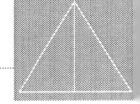

而從毫無創意與生氣的蕭條，到百花齊放的繁榮，究竟又是什麼因素，促成了這樣偉大的轉變？各色的緣由，同樣也更多，但其中承前啟後的，卻是一個傑出人物：浙派開山鼻祖，明初畫家戴進。

促成這樣轉變的，不只有他高山仰止的繪畫藝術成就，卻更有一場令他痛徹終生的奇冤。

戴進其人

戴進，字文進，號靜庵，浙江杭州人，明朝洪武二十一年（1368年）生，永樂年間步入畫壇，宣德年間成為宮廷畫師。

如開頭所說，作為畫家，投生在明朝初年，比較不幸。但相比之下，在永樂至宣德年間從事美術活動，卻還比較幸運。

明朝開國皇帝朱元璋執政的洪武年間，畫家的生活只能用一個字形容：苦。哪怕成了宮廷畫師，薪水少得可憐，而且明朝不似宋朝那樣設有畫院，因此哪怕宮廷畫師，名分也低得很，不過是宮裡的「臨時工」，工作卻極高危，尤其朱元璋在位的時候，一筆畫錯就招禍。洪武年間幾位著名宮廷畫家，比如趙原、盛著、周位，都是繪畫不慎招禍，鬧得獲罪論死。

而到了戴進縱橫畫壇的永樂至宣德年間，情況總算好很多，畫家們待遇提高了，還解決了編制問題，表現好的宮廷畫家，可以授給各類官職，有的竟然可以做到都指揮（軍區司令）級別的高官。風險性也大大降低，特別是明宣宗在位年間，他本人就是丹青行家，也重視美術事業，施政也寬容。畫師，這個明朝開國早期，一度很沒前途的職業，這時總算前途光明。

但唯獨不改的，卻還是規矩多，從顏色到技法，樣樣都有規矩。特別是宮廷畫師們，拿著朝廷的薪水，就得聽朝廷的話，誰要是畫畫不聽話，照樣治罪沒得商量。

這樣的行業背景下，明朝的宮廷畫師們，雖說環境改善，但境遇依然微妙：畫畫有風險，創新要謹慎。更微妙的是，畫師們待遇提高了，升官前景

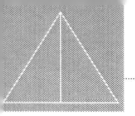

也看好，追逐名利不折手段的爭奪也自然多。相當多名聲在外的宮廷畫師，心思多用在這方面。

而相比之下，戴進卻是個絕對的異類。

明初從事繪畫行業的，入行原因多不同，有世代做這行的，也有為了官位和名氣的，但戴進，卻屬於其中極少的異類：真正為了藝術的追求，走上這條道路。

戴進的出身，也算美術世家。父親戴景祥就是職業畫師，但到戴進這一代，起初卻轉了行，當了一名首飾匠，專業加工首飾，而且發展得極成功。少年時的戴進，打造的金銀首飾名噪一時，以風格多樣和工藝精美著稱，小小年紀，便早有了大大的名氣。一直幹下去，混個富翁不是問題。

但意外卻偏偏發生了，某日戴進路過熔金鋪，發現送來熔掉的，正是他精心打造的首飾。這事放在別的工匠身上，也就不算個事，但剎那之間，少年戴進卻悲從心頭起，頓時仰天長嘯：我費盡心血打造的首飾，最後卻得到這樣的對待。一聲長嘆後，戴進做出了人生中最重要的決定：轉行，做一個畫家。

從收入豐厚、名聲在外的首飾匠，到默默無聞、清貧寒苦的畫家，這樣的人生，好比推倒重來。可戴進真這樣做了，之後好多年，有說法說他師從多位名家，潛心學畫；也有人說他一直跟在父親身邊，賣畫為生。但不論哪種說法，都是寒苦艱辛的人生。

這樣的人生抉擇，即使放在當時，也有人笑他傻。但他不在乎。如果說藝術家都是高傲的白鷺，那戴進就是其中一隻，像愛惜羽毛一樣，呵護著自己的心血追求。

命運雲霄飛車

戴進的美術之路走得極苦，但不得不說，他在畫壇出名也極早。

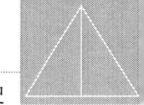

一個明朝畫家的遭遇改變中國美術史

大約是十七八歲的年紀，也就是永樂初年的時候，剛轉行學畫不久的戴進，隨父親來到了京城南京，做起了「京漂」。誰知剛入城門，便倒大霉，眨眼碰上「飛車黨」，一船行李全被腳伕搶走。

誰碰上這種事，一般都得捶胸頓足，但連犯人都沒來得及看清，最後也只能認倒霉。可戴進不慌，當場揮毫潑墨，竟然憑著這電光火石間的記憶，就把犯人的樣貌，原原本本地畫了下來，一下技驚四座，結果還沒來得及「報警」，犯人就趕快來投案了：東西還你，服你了。

自從這則遭遇後，戴進的名號，便開始傳開了。這位年輕人精湛的技法與冷靜的心理素質，就連彼時南京的諸位名家也都嘖嘖稱奇。於是爺倆的境況，也就漸漸改善，先在南京城奮鬥了快二十年，然後永樂皇帝遷都，爺倆又一道去了北京。這時他們的身份，也早已大為不同，成為有薪水拿的宮廷畫師，進入宮廷的戴進，也得以博彩眾家，技藝突飛猛進。

但這時候的戴進，論繪畫技法，雖已接近巔峰，但論地位，卻還是個默默無聞的小人物。

因為明朝初年的畫壇，並不是畫得好就萬事大吉的。地位高的畫師，首先都是位高權重的高官，年輕畫家想出頭，畫得好是其次，關鍵是既要聽話，又能鑽營。

可是這兩條件放在戴進身上，卻是哪樣也不可能發生。他本身就是個淡泊仕途的人，唯獨視藝術如生命，幾十年如一日，只知低頭作畫，從不抬頭看人，志同道合的朋友不少，但攀附權貴的事卻從來不屑去做，領導的面子更是極少去賣。因此一直很努力，卻一直沒名氣。

也正是在這十多年的蟄伏期裡，戴進的繪畫創造，早已取得了驚人的突破，首先是博采眾家，對唐朝吳道子、馬遠等名家，都進行了大膽地吸收學習，深得其中精髓，更重要的卻是自成一家，特別是人物畫，一反宋代的厚重特色，相反極度精美，更兼用筆豪放，早已開一代新風。

而比起這些刻苦的探索來，同時期明朝幾位名聲在外的書畫大師，表現卻可謂拙劣。幾十年如一日，除了照著皇上的要求畫千篇一律的內容外，幾

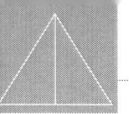

圈子 · 段子之大明帝國日常生活直播
明朝式的優雅

乎毫無建樹，只會憑著乖巧馬屁功夫邀寵。但「大師」們本事不大，心眼卻更小，最看不得別人好，生怕哪家年輕人出類拔萃，搶了自家飯碗，於是時時瞪起「妒忌眼」，心裡打起小算盤，各種勾心鬥角不斷。

這其中最有代表性的大師，便是謝庭循。

在明朝永樂至宣德年間，謝庭循可謂首屈一指的畫壇大師，出身就高貴，山水大師謝靈運的後人，更兼多才多藝，詩書繪畫都有極高造詣。而比起戴進來，此人情商更高，最會討皇帝歡心，經常陪侍左右，因而也得寵不衰。到明宣宗年間的時候，已受封錦衣衛千戶，還有「武德將軍」的爵位，堪稱畫壇頭牌角色。

但要論實際水平，謝大師卻「水」得很了，跟戴進比起來，可以說是天上地下。但雖說畫畫功夫差，嘴上卻從不饒人，一直極其刁毒，看誰不順眼，就得找機會「下藥」。眼看戴進技藝突飛猛進，謝大師心裡也著了慌，暗害的標靶早就給瞄上了。

而偏巧，有了這樣一個機會。

話說當時在位的明宣宗，極其熱愛繪畫藝術，除了自己喜歡鑽研外，更心血來潮，突然打算搞一場「書畫選秀」，也就是令宮廷畫家們人人作畫，然後在仁智殿評比。

這次的參賽選手裡，就有時年四十歲的戴進。而在他眼裡，這場皇帝突發奇想的「活劇」，便是自己不得志的人生裡，最重要的一場機遇。所以使盡渾身解數，施展胸中所學，終於完成了一生中最傑出的傳世名品：《秋江獨釣圖》。

《秋江獨釣圖》為戴進美術生涯的巔峰之作，作品呈現了一個深秋的江邊，一位身著蓑衣的老者孤獨垂釣的情景。整幅作品立意獨特，筆法精巧，將深秋的肅殺與垂釣者怡然自樂的情懷呈現無餘。

確切地說，這幅畫表現的不只是一捲風情，更是戴進一生所遵循的，特立獨行的風骨與孜孜不倦的藝術追求。

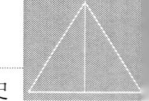

此畫一出，舉座皆驚，初選就評了第一，送到仁智殿後，明宣宗也極為驚嘆，連連賞玩不已，也就牢牢記住了戴進這個名字。等於沒什麼意外的話，半生默默的戴進，將從此飛黃騰達，加官進爵，成為明朝宮廷畫家中位高權重的人物。

但偏這時刻，「吐槽」的來了，便是一向毒舌的謝庭循。早妒忌戴進才華的他，既摸透皇帝的秉性，更找到了這畫最大的漏洞。眼看著明宣宗歡喜連連，滿意不已，謝庭循頓時妒從心頭起，毒從舌中吐：「畫雖好，但很鄙野。」翻譯成白話就是：這畫水平雖然高，但檔次太低了。

放在今天，這句「吐槽」屬於典型的沒事找事，但放在明朝，卻完全不一樣。到底是「大師」，謝庭循一眼就瞧出了毛病：畫中垂釣的老者竟穿著鮮豔的紅衣服。而在講規矩的明初，紅顏色是官員朝服才可以穿的，戴進讓個釣魚的穿上，典型的大逆不道。所謂「檔次低」，就是這事。

果然，「吐槽」完，明宣宗臉就變色了，再仔細看一遍，立刻勃然大怒，接著就把戴進叫來，氣呼呼地罵了一通。本以為技驚四座的戴進，就這樣斷送了宮廷畫師的前途。

當然對比下來，戴進運氣算好，這事還好是發生在統治相對寬和的宣德年間，如果換成朱元璋在位時，這就是「謀逆」大罪，可憐的戴進別說飯碗不保，性命都堪憂。

而這次明宣宗怒完後，戴進的下場，說法也很多，有說他驚慌失措，不等朝廷降罪，自己主動逃跑，甚至一度流落到雲南去；也有說法稱，他被取消了宮廷畫師的身份，斷了薪水，趕出宮闈，也一度寓居在京城，但是窮困潦倒，生活悲慘、最後不得不黯然回家。但無疑問的是，走人、貧寒、破落，是他以後人生的主要內容。

默默奮鬥半生，孜孜不倦探求，在人生即將接近光輝頂點的一刻，卻意外遭遇變故，命運急轉直下，從此潦倒後半生。這就是一代畫壇奇才戴進「雲霄飛車」般的悲劇命運。

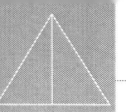

宮廷畫技法在民間

戴進的委屈,在生前身後,都得到了諸多的同情。平日裡他雖然不擅鑽營,但因才華橫溢,坦蕩待人,總算還有幾個至交好友。比如當時的明朝禮部侍郎王直,在戴進離京時就曾慷慨資助,並作詩詠嘆。

但現實還是如此殘酷,這時只是明朝前期,商品經濟很弱,資本主義萌芽也沒影,市民經濟更沒指望,作為畫家,如果沒了宮廷的薪水,生路基本就斷絕。

戴進的人生也是這樣,趕出宮廷後,也靠賣畫度日,但境況卻越來越慘淡。京城待不下去了,就回到老家杭州,誰知杭州的生計也一般。之後又遊走於江蘇、浙江、安徽各地,以畫畫為生,留下墨寶無數。許多後來流傳後世的名品,大都作於此時。

但放在當時,這份不朽的藝術才華,著實很不待見,甚至後來戴進的女兒要嫁人,窮苦的戴進連嫁妝錢都湊不出來,想拿畫換嫁妝,卻也沒人要。類似的貧寒窘境,各類明朝筆記裡,都記錄了不少。直到明朝天順六年,也就是 1462 年,七十五歲的戴進,懷著不朽的才華,在貧困交加中,告別了這個生不逢時的世界。

但是無論是讒害戴進的謝庭循,還是淒然半生的戴進,都沒有想到,戴進的失意,卻開創了明朝美術史的一個新紀元:從四十歲離京,到七十五歲離世,奔走各地的戴進,不但留下了不朽的珍品,更收下諸多門生弟子,對每一個求學的後進,他都毫不保留,傾囊相授,他的兒子戴泉,女婿王世祥,也都成為一代畫壇巨匠。這些人共同組成的流派,便是明中期起赫赫有名的浙派。

在明朝美術史的演變中,浙派的誕生與發展,堪稱一件承前啟後的大事,它就像播種機一樣,將原屬於宮廷的繪畫技法,播撒到民間各地,更以開放包容的態度收納了諸多畫壇後進。從明朝成化年間起,明朝美術進入了民間文化蓬勃,市民經濟繁榮的新階段,隨著吳派等新生力量的崛起,浙派雖然勢微,然而每一個新生的流派,從理唸到技法,都從中受益頗多。明朝的書

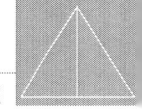

畫江湖，從萬馬齊暗的蕭索，到百花齊放的繁榮，戴進孤獨的背影拉開了這個轉折的大幕。

當明朝皇帝的老師有多難

要論在中國古代，教師行業的最高榮耀是什麼，那恐怕莫過於一件事：當皇帝的老師。

這事兒在歷朝歷代，都是光宗耀祖的好事。發展到了明朝，更成了名利雙收的大事：倘若從皇帝做太子起就當老師，那不只是培養朝廷未來接班人，自己本身也被當做未來重臣培養，太子是「預備」的皇帝，太子的老師更是未來「預備」的棟樑，人稱「儲相」，加官進爵甚至名留青史，都是指日可待的事。名聲自然也更響亮，誰要是遇上這樣的工作，基本就是同行眼中的頂級精英，基本被當做「亞聖人」來膜拜。

又有名聲又有前途，這樣康莊大道般的行業，自然無比熱門。但所謂天下沒有白吃的午餐，當皇帝的老師更是如此，不但准入門檻高，工作挑戰性大，而且到了教育制度極度完善的明朝，更成了一件技術含量極高的「瓷器活」。想要幹好這個工作，更不單是科舉成績好，學問深就能勝任的，相反真要有「金剛鑽」才行。

這活有多苦，不妨瞧瞧去。

教育禮儀真繁瑣

明朝的「亞聖人」們，論身份地位，那是高貴無比。可是論工作辛苦程度，卻也是各有一把辛酸淚。

在現代人印象裡，做老師的幫學生上課，無非是夾起書本進課堂，洋洋灑灑講學而已。而作為皇帝的老師，學生只有這一位，沒有課堂搗亂，更沒處理不完的學生問題，理應很輕鬆。

可是在明朝，卻不是這樣，雖說學生少，教課流程卻一點也不輕鬆，相反更繁瑣得嚇人。明朝是個講規矩的朝代，大明朝上至王侯百官，下至黎民

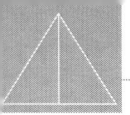

圈子・段子之大明帝國日常生活直播
明朝式的優雅

百姓，從吃飯穿衣到首飾佩戴，樣樣都是規矩，宮廷教育的規矩，那更是嚴苛到極致。

僅說皇太子的日常上課，整個流程就極度地熬人。由文華殿大學士總負責，各級老師分為詹事府詹事、少詹事、春坊大學士、庶子、喻德、中允、贊善、洗馬、校書等官職，人數多工作雜，特別是皇太子出閣讀書的儀式，更是十分繁瑣：首先是早晨起來，禮部和鴻臚寺的執事官，要在文華殿給太子行四拜禮，鴻臚寺寺官向太子行禮，請太子到文華殿讀書，皇帝要親自出席，各級官員要挨個行禮，然後儀式結束後，內侍官引著太子在後殿就座，每天侍班侍讀講官依次前來，小太子的學習生活，這才算開始。

而比起之後的學習過程來，上面那些繁瑣禮儀，更是小巫見大巫。明朝太子的學習規劃，也是開國就定好的規矩：主要分三個環節——讀書，聽字，寫字。其中的每一樣，學習強度都非常大，比如讀書，每三天就要背熟一篇新課文，而且不是簡單背熟就完事，更要求熟練掌握，侃侃而談。且要求說話字正腔圓，每一個咬字都必須標準。至於聽字和寫字，更是工作量驚人，夏天每天要寫一百個字，看來不算多，但這不是現代人打字，而是古人手持毛筆，工工整整的寫大字，每一個字都必須做到結構規整，書寫整齊。冬天天冷，稍微還寬鬆點，寫五十個字就行，但每天這麼寫下來，足夠把小孩累壞。明朝的皇位繼承人的童年，每天基本就是這麼熬過來，至於老師們，當然也一樣這樣熬。學生不會寫，老師就要教著寫；學生不會背，老師更要教著背。明朝成化年間的宮廷教師，後來的明朝閣老謝遷曾回憶，當年他教太子朱祐樘背書的時候，一遍一遍重複著，甚至到了「口舌生瘡」的地步，連急帶累，嘴都潰瘍了。

而比起教小皇子讀書來，教大皇帝讀書，也輕鬆不到哪去。明朝宮廷教育制度規定，不但小皇子要上課，皇帝也要上課，也就是「經筵」和「日講」，即皇帝召集學問好的大臣開會上課，由大臣們講課給皇帝聽，主要以歷史課為主，評述歷代王朝治國得失。大規模的講座，就是「經筵」，通常在文華殿舉行，同樣也是一整套繁瑣禮節，先是官員行禮，然後講課，講完課去左順門吃飯，吃完飯還要回來謝禮，一場折騰才算結束。相比之下，「日講」

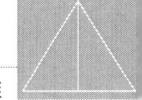

則是小規模的討論會，沒這麼多繁瑣的禮節，講課的老師，通常都是皇帝的親信大臣，課也很輕鬆靈活。

而這樣的課程，與其說體現學習問題，不如說體現政治問題：能被安排參加經筵的臣子，就算不是重臣，也是皇帝正在考察的培養對象，講課表現怎樣，便是最好的升遷機會。而常去日講的官員，身份更不簡單，必得是皇帝最親近的重臣才行，有些甚至是皇帝孩提時代就教育讀書，感情極其深厚的老恩師。常為隆慶皇帝日講的高拱，以及常為萬曆皇帝日講的申時行，都是這樣的角色。

而綜合上面的流程，能在這樣折騰中熬過來的老師，也同樣不是簡單人物。教小太子學習，不但要有水平，更要有耐心，給皇帝經筵和日講，考驗的不但是口才與智慧，更是表面之下的暗流洶湧。每次看似講學問，其實官員之間，更是充滿勾心鬥角，特別是晚明黨爭加劇的背景下，講課的講官們，更是喜歡含沙射影，藉著講課機會攻擊政敵，那是家常便飯，至於被人攻擊，更是司空見慣。照著《明史》的話說，就是「講官於正文外旁及時事」，風平浪靜的課堂，成了刀光血影的權力戰場。倘能在這樣的課堂環境裡熬出來，必然需要技術含量。

老師們各個有奇招

講課如此凶險，上課當然要謹慎。

首先一個考驗老師們的高標準，便是口才，不但要思維敏捷，口出蓮花，還得「普通話」標準，能講一口標準的官話，說話字正腔圓自然好，要是還懂朗誦，聲音洪亮動聽，那更是錦上添花。這其中最典型的，還當屬明孝宗朱祐樘的老師謝遷，天生一副好嗓子，外加長得帥，口才又好得很。當年東宮講學的時候，小朱祐樘就特別喜歡他，後來君臨天下，仍然寵愛有加，常把謝老師請進宮拉家常。而隆慶帝朱載垕早年的老師殷士儋，倒沒這麼幸運了，一口的山東話，常把皇帝聽得頭大。這位明朝傑出的學問家，仕途發展卻遠不如名臣張居正、高拱等人，教育戰線的表現是原因之一。

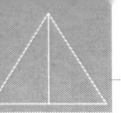

圈子・段子之大明帝國日常生活直播
明朝式的優雅

但更重要的，還是說話藝術。這條在「經筵」上更是決定成敗。說話好不好聽，口音標準不標準，都是形式問題，內容才是關鍵。尤其是皇帝開討論會，講官好多個，彼此競爭也激烈，於是各路老師也傷透腦筋，盡展風采，以期出奇制勝。

而這裡面特別有頭腦的，當屬嘉靖年間的大奸臣嚴嵩。嚴嵩的官運早年非常不順，好不容易科場登第，碰上母喪丁憂，後來好不容易獲得肥缺，辦理王府襲封，出趟公差卻偏趕上寧王叛亂，差點把老命都搭上。前半輩子的人生可謂喝涼水都塞牙，直到四十來歲還是小官一個。

這時機遇再次垂青了他，新登基的嘉靖皇帝朱厚熜，上臺後就搞整頓，罷免大批前朝老臣，連「經筵」的幾位老師也被轟走，正任國子監祭酒的嚴嵩恰好補了缺。可是在這職位上，還有彼時嘉靖帝的幾位新寵：比如張璁、顧鼎臣，各個名聲在外，官職也比他高，老嚴嵩很沒競爭力，但實際操作起來，卻是大爆「冷門」。多年宦海浮沉，嚴嵩別的本事沒長，長得最多的就是情商，極會察言觀色，幾堂課下來就把住了皇帝的脈，這皇帝最大的毛病，就是自負。於是奇特的一幕出現了，別人來講課，都是口吐蓮花，侃侃而談，相當地神采飛揚，還時常慷慨激昂。輪到嚴嵩，卻恰相反，滿面的溫柔體貼，說話細聲細氣，聲音如春風拂面，十分地溫暖輕柔，直叫新皇帝心花怒放。而最讓皇帝開心不已的是：別人講課，都拚命賣弄學問，換到嚴嵩，卻成了謙遜地向皇帝討教學問，經常是溫柔的聲音，謙遜的講課，突然地話鋒一轉，就變成裝傻狀，向皇帝試探著求教。於是「奇葩」一幕出現：本該是給皇帝上課的「經筵」，變成了皇帝洋洋得意，反過來給老師上課了。

這番「奇葩」表演，算是徹底撓到了朱厚熜的癢處，於是嚴嵩在他心目中的形象，好比一支「黑馬股票」，刷刷的上漲，從此平步青雲，把持朝政，成了禍害明王朝二十來年的大奸臣。

而比起針對皇帝的「經筵」和「日講」來，輔導皇太子讀書的工作，則是考驗老師的基礎能力：早教能力。

在這項工作上，明朝公認教育水平最高的有兩人，一是明初大儒宋濂，整個明朝宮廷教育的制度，都是他一手創辦的，明朝第一位太子朱標，更是

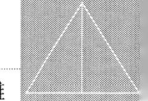

他的得意學生。而作為朱元璋的長子，朱標的學問和能耐，不但讓苛刻的父親朱元璋滿意，其外柔內剛的性格，更深受老師宋濂的影響。宋濂在明初的官場上，是個出名的老實人，從來不說謊，平日小心謹慎，更從不私下議論朝政。但不說並不意味怕事，每當同僚遭難，大家都躲風頭時，他卻挺身而出，特別是不顧觸怒朱元璋，冒死營救茹太素的壯舉，更是震動明朝政壇。這份高貴品質也同樣潛移默化，傳給了他最重要的學生：太子朱標。

而在整個明朝，也不乏這樣有性格的老師。明孝宗的內閣首輔劉健，也是其中一位。明朝太子教學最大的困難，就是小孩子貪玩，一旦學業太苦，就想方設法偷懶，甚至和貼身小太監沆瀣一氣，合夥逃課。後來著名的貪玩皇帝明武宗朱厚照，早年就是這方面的典型。

而作為朱厚照的父親，明孝宗朱祐樘在孩童時代，雖說總體表現好得多，可孩子天性愛玩，也不乏有貪玩偷懶的時候。而每當這時，他身邊幾位老師的表現，也是截然不同。最為溫柔的，還是那位口才甚好的謝遷，每當小太子要耍賴，謝遷都是一個辦法：講故事。小太子要偷懶，就給小太子講古人勤奮好學的故事；小太子想玩耍，就講玩物喪志的故事，憑著超人的口才，每次都循循善誘，說得小太子回心轉意。

而比起溫柔的謝遷老師來，一同共事的劉健卻完全是另一種脾氣，他老人家早年沒考取功名的時候，就早早落了諢名：木頭。後來好不容易科場登第，官場混了沒幾年，諢名也進步了，變成了「爆竹」，顧名思義就知道：這人年輕的時候就倔，眼裡不容沙子，後來當了官，老毛病沒改，新毛病又添：火爆脾氣。

這性子的人去教小朋友讀書，後果可想而知：從來不拿太子當回事，犯錯了就批，功課完不成就罰，十足地生猛。而且這人雖然脾氣臭，但「氣場」卻強大，每次發飆都引經據典，既讓人震撼，還說不出話來，而且一旦脾氣上來，就是一根筋到底，動不動就轉頭走人，非要你照他的辦。

而在這事上，同事謝遷也配合，每次小太子犯錯，劉健發飆，謝老師就來勸架，當然是拉偏架，表面幫小太子，其實是和劉健一唱一和，紅臉白臉地哄小朋友，但這招確實管用。少年朱祐樘在這樣的教誨下，養成了刻苦學

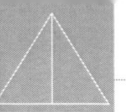

習的好品格。甚至後來朱祐樘登基，劉健也成了內閣首輔，這威力依然有效：就像當年讀書時，每次劉老師交代的作業，小太子都不敢拖一樣，後來劉健老師上奏摺，朱皇帝也是第一時間批閱，快速認真回覆，甚至很少拖過夜。勤政愛民的好習慣，算是養成了。

師徒從來情意重

明朝的皇帝們，素來被人詬病的地方不少，但也有一個公認的好傳統：尊師。這個傳統，不僅是來自於文化傳承，更是一種成長的情感。

有明一代，凡是做過帝王老師的臣子們，哪怕有人犯錯獲罪，帝王念及昔日的教養之情，也都會倍加安撫。就連被公認為昏君，一輩子只知道做木匠的天啟皇帝朱由校，對老師也極其禮敬。他早年的老師之一，便是明代書畫大師董其昌。誰知這董其昌書畫一流，品德末流，在家鄉搶男霸女，無惡不作，終於惹來大禍，被人結伴尋仇，連家宅都給燒了，外加多年來他結怨太多，出事了連地方官都不管，樂得看熱鬧。而就在這最困難的時候，天啟元年（1621年），家破人亡的董其昌再次得到啟用，當上了太常寺卿的職務。這是天啟皇帝用自己的方式，作為對老師的保護。

而就連出了名的小心眼，對大臣們一點小錯就苛責的嘉靖皇帝朱厚熜，在對待自己老師的問題上，也展現出了寬容的態度。他早年做藩王時的授業恩師，便是當時的湖廣提學副使張邦奇，後來嘉靖帝君臨天下，張邦奇也得到重用，被任命為代理吏部尚書。可張邦奇天性耿直，又極有政治理想，見嘉靖皇帝做得不對，就時常直言進諫，外帶嘉靖皇帝登基後，常年沉迷修道，大搞封建迷信，張邦奇看不過去，多次極力勸阻。這事放在別的官員身上，那可是犯上大事了，嘉靖年間的官員觸怒了嘉靖，輕的有流放，重的有杖責打死，但換到張邦奇身上，雖然也有嚴嵩等人極力構陷，可嘉靖還是不為所動，最後只是將張邦奇平調到南京了事。這位忠誠耿介的臣子，最終善終於南京任上，十分不易。而另一位他昔日的老師張璁，後因得罪他被罷官，但即使賦閒在家，每年張璁過生日，朱厚熜都從來不忘，派宦官跋山涉水，來到張璁家裡慰問。

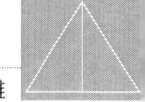

而在明朝帝王的師徒感情上，最為動人的，則是明穆宗朱載垕與老師高拱的故事。

明朝歷代帝王中，明穆宗朱載垕，算是童年比較慘的一位。父親嘉靖皇帝篤信「二龍不相見」的說法，常年冷落他，外加嚴嵩專權，與他「不對付」，常年各種構陷，父愛缺失又兼政治環境凶險，十足沒安全感。

這樣的環境，也造成了朱載垕早年惶恐怯弱的性格，一點小事就會驚慌不已，直到有一天一位老先生成為他的王府老師。這位老先生就是高拱。

作為後來明朝的一代改革家，高拱最大的特點，就是有骨氣，天塌下來都不慌，什麼大事都有主意。這下正對了朱載垕的心思，之後幾十年，強硬坦蕩的高拱，成了朱載垕心靈裡最大的依靠，無論遇到什麼事情，只要高拱在身邊，他就有了靠山。做王爺的時候，多少大風大浪，就這麼熬過來，熬到順利接班，登基為帝，接下父親留的爛攤子。然後開放沿海貿易，北抗韃靼入侵，整頓官場風氣，推廣一條鞭法，多少事關王朝命運的改革，多少牽一髮動全身的大事，這位早年懦弱的青年，全都勇敢地擔當。因為，他有高拱。

正是在這對師徒的努力下，大明王朝的國力蒸蒸日上，一反嘉靖年間內外交困的慘淡，再次欣欣向榮。然而就在這節骨眼，體弱多病的朱載垕，生命卻走到了盡頭。隆慶六年（1572年），臨終前的朱載垕，再次召來了高拱，這個中國政治史中常見的託孤景象，卻演變成了一場濃濃的師徒情深。見到高拱後，朱載垕依然像個孩子似的，撸起褲腿，給老師看自己腿上的浮腫，一邊看一邊苦笑，說先生（高拱）我今天可以歇歇吧？如此情景，彷彿不是政治託孤，而是一個生病學生，在給老師請假。

而後的那一幕情景，更成了高拱一生中難忘的一幕：朱載垕讓高拱攙扶著他，在皇宮園林裡散步，等著終於走累了，高拱好心地勸朱載垕：該回去歇歇了。而這時，震驚在場眾人的一幕發生了：朱載垕緊緊地握住高拱的手，認真地看著陪伴了自己大半輩子的恩師，一字一句眼含熱淚的重複著一句話：送我！送我！先生送我！

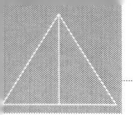

此情此景，在場眾人無不垂淚，而一向以硬漢示人的高拱，也難遏感情，當場淚如雨下……

穿越那交織著權謀、利益、爭鬥的歷史表象，那年那月，那時那刻，躍然後人眼簾的，是那師生間永不消逝的情懷。

明朝科舉都考什麼

如果要評選中國歷史上最難的事，擁有千年傳統的科舉制度必然榜上有名。

科舉難，難到即使是今天稍微懂點歷史的中國人也幾乎耳熟能詳：頭懸樑、錐刺股，都不是隨便說說。所謂金榜題名，平步青雲，那實在是做夢都盼望的。至於夢想有多遠，戲文裡常唱的「十年寒窗苦」，也不過是個「起步價」。

如果再「難上加難」一點，評選中國歷代科舉中考試難度最高的一個時代，那答案恐怕是公認的：明朝。

高福利的明朝科舉

有關明朝科舉制度的種種弊病，後世史家歷來抨擊不斷，這裡卻要先說點好話：以科舉考試為取材方式的明朝教育制度，是中國古代史乃至世界古代史上最好的教育福利。

自古以來，教育就是個花錢的事，放在同時代的歐洲國家，基本就是貴族的專利。古代中國的情況，雖然沒有歐洲那麼嚴重，但漢唐時期讀書識字的，基本還是以有錢人為主。宋朝開始，科舉錄取大規模向平民開放，但讀書的花費，對普通家庭而言仍不輕鬆。

相比之下，從明朝開始，上學的成本，對於普通老百姓而言，顯然低得多了。從明朝起，官學教育日益發達，縣裡有縣學，州裡有州學，府裡有府學。官學的工作人員，皆納入國家「公務員」編制，就讀的學子稱為「生員」，不但學費全免，更按成績考核，享受「國家財政補貼」。這項制度雖然沿襲

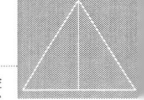

前朝，但明朝官學的數量和覆蓋面，遠比之前歷代大，連西南和西北等少數民族聚居地，也建立了完備的官學教育系統，學校「生員」的數量，更是不斷刷新歷史紀錄：以縣學為例，明初的縣學「生員」，只有20人，但之後不斷增加名額，到了明末的時候，全國的「生員」數量竟高達50萬人。清朝建立後，也基本沿用了明朝的官學教育系統。

明朝學子究竟享受怎樣的教育福利？明初大儒宋濂的名篇《送東陽馬生序》裡就可瞧出端倪：在官學裡讀書的學子們，一日三餐都由國家供應。各處官學遍地，學子們可以就近入學，不必再像前朝（元朝）那樣，為了讀書離鄉背井，嘗盡辛酸。每個學校都有德才兼備的老師，幫助學生解答各種問題，還有豐富的藏書，可供學生隨時借閱翻讀。宋濂在文章最後還諄諄教誨：這麼好的學習條件，如果還不用功讀書，那就太對不起人了。

除了優厚的福利外，明朝教育還有兩點遠超前代：公平和前途。以公平而言，除了沿襲宋朝科舉公正、面向平民的傳統外，在官學的招生上，更側重公平錄取。明朝的官學，每年都有招生考試，而且相互之間，也是上下層遞的關係。學生想從縣學考到府學，乃至進入當時中國最高學府——國子監，只能刻苦讀書考試。明朝以前，國子監是個管理機構，而自明朝起，它變成了一個完全的教育機構，取代了先前的太學。這樣變化的結果是：明朝以前的太學學生，主要來自貴族和官宦子弟，明朝以後的國子監，絕大多數學生，都出身平民階層，是一級一級考上來的。

考上國子監的意義，對於學生而言是非常誘人的，不但讀書免費，即使不參加科舉，只要表現良好，考試成績優良，就有機會捷足先登，直接入朝為官。如果參加科舉，更可以在京城就近赴考，錄取機率要大得多。比起其他讀書人，可謂少奮鬥十年。

正是拜這樣的高福利所賜，在明朝時代，讀書成了一個低成本且前途遠大的工作。這帶來了兩個結果，一是文化的普及，中國人的識字率大大提高，這從明朝文化上就可得以佐證，各類通俗小說在民間廣為流傳，古典名著如雨後春筍般出現。二就是科舉考試競爭的日益激烈，用數據說話，僅明朝成化年間，國子監的學生就多達1.9萬人。科舉更成了千軍萬馬爭過獨木橋。

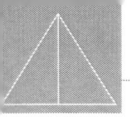

讓人抓狂的八股文

俗話說，天下沒有免費的午餐，放在明朝科舉上，也是同樣的道理：享受中國古代史上最優厚的教育福利，就要接受中國古代史上最艱難的科舉考試。

從表面看，明朝科舉考試的方式，似乎比前朝簡單。唐宋的科舉考試，不但門類繁雜，而且科目眾多，比如唐朝，要按照考試專業來報名，有秀才、明經、進士、明法、明算等多個門類，考試形式也五花八門，比如「貼經」是默寫儒家經典條文，「大義」是背誦儒家典籍等。宋朝科舉做了改革，死記硬背的東西考得少了，但加了「經義」，就是寫議論短文。一路考過來，好比翻山越嶺。

相比之下，明朝科舉的考試內容，就簡單多了，主要就是讓考生寫文章。但表面簡單的考試要求，比起唐宋的「翻山越嶺」，卻更有一條考生難以踰越的鴻溝：寫八股文。所謂八股文，就是明朝科舉考試制度規定的專用寫作文體，在中國古代文學的各類體裁中，它更是公認的最難寫的一種文體。

八股文難寫，首先因為結構要求嚴格。顧名思義，一篇八股文，結構要分為「破題」「承題」「起講」「入手」「起股」「中股」「後股」「束股」八個部分。每個部分的寫作，更有嚴格到苛刻的規定。比如考生拿到一個題目，首先要在「破題」中，用兩句話解釋題目，然後要在「承題」中，接著上文闡述題目，之後從「起講」開始，展開對主題的議論，「入手」部分，則承接觀點。接下來從「起股」開始，進入文章的正式論述環節，「起股」「中股」「後股」「束股」四部分，要分成四個段落，每個段落中，更必須有兩段對偶排比的句子，作為結尾的「束股」部分，還要總結全文觀點，呼應主題。全篇的字數，更要限定在幾百字內（康熙年間確定為 700 字，並一直沿用至清末），其要求之嚴格，形式之苛刻，堪比花樣滑冰中的規定動作比賽。

而比起苛刻的結構要求，八股文對書寫內容的要求，更加嚴苛。考生不能有自己獨立的觀點，考捲上所寫的每一個字，表達的每一個主題，都要嚴

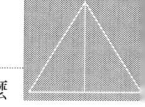

格遵循理學大儒朱熹的《四書章句集注》，否則任你寫得妙筆生花，一樣落榜沒商量。

而等到莘莘學子躊躇滿志，真正走進明朝科舉考場後，他們便會發現，所謂考驗，其實才剛剛開始。

明朝科舉的考試流程，堪稱中國古代史上最「熬人」的考試。以明朝鄉試為例，每三年的八月初九考一次，每次考三場，每三天一場。考生每次入考場前，需要先脫掉衣服接受搜身檢查，從檢查到進入考場，往往就要耗掉至少兩個小時的時間，比搭飛機前的過安檢麻煩得多。以至於有些考生還沒進考場，就早早癱了。等著好不容易進了考場，考生接下來要面臨的，就是要在昏暗的小黑屋（每個考生都是一人一間）裡，接受車輪戰：第一場考四書五經，也就是按照考題寫八股文，總共要寫七篇；第二場考應用文寫作，考生要完成一篇政論文，五篇判詞，外加一篇公文寫作（詔、表、誥三種文體選一種）；第三場考策問，也就是時政問答，考生要根據考試所給的材料（包括有歷史材料和時政熱點問題），書寫五篇論文。且不說考題難度如何，考生水平狀態如何，僅如此大的書寫量，就足夠把人累到七葷八素。

綜合上述情況，我們不難做出結論，比起唐宋科舉的「翻山越嶺」來，明朝科舉的這道「鴻溝」，還真不是考生們「躍」過來的，而是一步一滴血汗、艱難困苦地「爬」過來的。

八股考試的弊病，無論是在明朝時代，還是在今天，都有不少抨擊之聲。但實事求是地說，八股文也並非一無是處，就連《儒林外史》的作者，批了一輩子科舉黑暗的清朝文學家吳敬梓都承認：「八股文若做得好，隨你做什麼東西，要詩就詩，要賦就賦，都是一鞭一條痕，一摑一掌血。」事實也正是如此，八股文在形成過程中，充分吸取了唐宋散文甚至元朝散曲的特色，體式結構嚴整精密，文風凝練犀利。明朝時代璀璨的小說戲曲文化，甚至光耀古今的心學思想，也都從中受益匪淺。

所以雖然這幾百年裡，有關明朝科舉「牢籠人才」的訐病頗多，但另一個景像是：在能夠修煉好「八股」這門頂級武功，並成功透過「煉獄」考試，最終金榜題名的學子們中，縱然有不少死讀書的呆子，卻更不乏名垂青史的

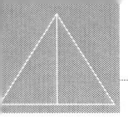

大人物。諸如王陽明、張居正、孫承宗等明朝牛人，都是從「八股」這條恐怖鴻溝裡淬煉出來的。

高強度的武舉考試

無論中榜與否，煉獄般的八股考試，必然是每個考生心中揮之不去的記憶。但要論「煉獄」程度，明朝的另一項考試，怕是有過之而無不及：武舉考試。八股考試不管多難，總算還是腦力運動。武舉則不同，既要考武藝，也要考寫文章，對於考生來說，可謂雙重折磨。

與八股科舉不同，明朝的武舉考試，一直到明中期的弘治年間才真正以制度形式確立下來。和文科一樣，也分為鄉試、會試、殿試三個環節，而且還有一條高標準：必須要考策論，也就是軍事理論考核。

明朝的每一輪武科考試，和文科一樣，也是分為三場。第一場考騎射，也就是騎馬射箭，考生需要在靶場縱馬馳騁，在規定時間內朝三十步（約45公尺）外的箭靶射出九支箭，至少中靶三箭，才能算及格。接下來考步射，也就是原地射箭，考生要在平地上，朝八十步（約120公尺）外的箭靶在規定時間內再射出九支箭，只要有一支箭中靶，就能順利過關。武藝方面的考試，主要就是這兩個環節。

對於大多數考生來說，武藝方面的考核標準，顯然還算比較鬆，只要常年習武，順利過關並不難。但接下來的第三關，就沒這麼輕鬆了：策論。

武科的策論考試，和文科一樣都是寫文章，考題內容自然不同。武科策論要寫三篇文章，其中「策」有兩道，考行軍佈陣以及兵法思想，最難寫的卻是「論」，因為論不但要考兵法，更要考儒家典籍，甚至還包括四書五經的學問。就算是飽讀詩書的文士們，答起來也絕不輕鬆，而放到整天習武的武科考生身上，更好比張飛繡花了。

而在閱卷打分上，明朝武科考試，也一直遵循三個原則：1. 策論考試成績高，而且武藝考試同樣好的考生，自然列為上等；2. 策論考試成績好，但是武藝考試成績差（勉強過關）的考生，要列為中等，但武藝考試成績好，策論考試差的，要列為後中等，比中等略差；3. 策論好但武藝不過關，或者

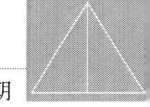

武藝好但策論不過關的，一律不予錄取。三條原則，其實卻是一個通用的治國標準：重文輕武。

明朝中期開始的這套武科考試標準，從目的上說，是為了培養文武雙全的軍事人才，但隨著時間推移，一個問題來了：16世紀以後，中國軍事科技飛速發展，火槍、火炮、戰車等新武器的應用日益廣泛，想要打勝仗，會射箭或會寫文章，顯然都越顯不足了。國家需要的軍官，是能夠指揮冷熱兵器協同作戰的人才。萬曆年間，也有大臣看出了這個問題，提出改革武科考試，其中武藝方面：第一場要考射箭以及搏擊格鬥；第二場則要考現場排兵佈陣，指揮火藥武器和戰車作戰；第三場的策論考試，除了考兵法外，更要考天文地理甚至軍事科學。但是這個正確的建議，卻沒有被明王朝採納。沒採納的後果，就是晚明考出來的一群看似高分的武將，卻十分不接地氣，上了戰場總被打得稀里嘩啦。

外國人眼中的明朝

16至17世紀，對於人類歷史影響最重大的事，便是地理大發現。

新航路的開闢，讓全球各地都招來了大批西方人，除了明火執仗打劫的海盜，便是捧著《聖經》到處嘮叨的傳教士。這些人不是玩命地殺人搶財富，就是勤勞地蓋教堂收徒弟，中心思想就是兩字：侵略。

侵略得如此積極，終於也惹到了大明朝頭上。但當時的大明朝，真心是個硬骨頭。什麼葡萄牙、西班牙，不聽話的就玩命打，從正德年間起，時不時把洋大兵的腦袋和臭名昭著的倭寇掛在沿海城頭上展覽一把。

但洋鬼子也實在是臉皮如銅牆鐵壁，打不過就賴皮。典型如葡萄牙人，一邊賴著不走，一邊咬牙大出血給明朝塞錢，總算把澳門給租了下來。比起後來洋人充乾爹的香港，明朝的澳門，房東就是大爺：葡萄牙總督見了明朝縣令就要下跪，日常司法管轄，都要明朝說了算。從嘉靖年間到鴉片戰爭前，您房客葡萄牙，夾著尾巴做人三百年。

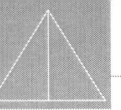

但自此以後，一個重要的影響，卻遠比租塊地要深遠：那群夾著《聖經》的傳教士們，也藉著這窗口慕名而來，打仗打不過你，我用上帝來「擺平」你。

為了傳個教，這幫人比搶地盤的殖民者還拼。歐洲數學、天文、武器製造的尖端成就在這一時期起源源不斷傳入。近代中國學者普遍認為：明末西方傳教士的東來，是西方近代文明輸入中國的開始，這種情景有個普遍的稱呼：西學東漸。

除了傳教外，這些歐洲傳教士們，還透過他們回到歐洲後的著書立說，為歐洲人帶回了一個更真實，其文化、教育、政治制度、經濟水準、繁華程度都更讓歐洲人艷羨不已的中國。在東西方文明的交流歷史上，他們是最早的橋樑。

但這麼做的直接後果，卻讓洋人更做夢也想不到：他們呈現給歐洲人的那個強大中國（明朝），竟對歐洲17—18世紀的文化流變乃至社會思潮，都產生過更加深遠的影響，甚至造成了一個令諸多啟蒙運動思想家都沉迷其中的熱烈風潮：中國熱。很多歐洲歷史學家都認定：歐洲近代的偉大變革中，「中國熱」就是其中重要的助推。

這些影響了歷史的傳教士，都是些什麼人？他們眼中的明朝，又是什麼樣子？

勇敢的傳教士們

葡萄牙人獲得澳門的租賃權後，於明朝嘉靖三十四年，修建了第一座天主教堂，但當時傳教士只被允許在澳門活動。甚至走出澳門規定區域，都會遭到當地政府的盤問。想在中國境內傳教，幾乎是個不可能的任務。

但早有不信邪的，葡萄牙傳教士沙勿略就是一個。他是明朝嘉靖十七年耶穌會派出的第一批赴東方的傳教士，曾經先在日本傳教，把西方的科技文化大批引入日本，結果獲得巨大成功，還成了日本諸侯的座上賓。於是他獲得了一個寶貴經驗，照著他給耶穌會信裡的意思說：想讓東方人信咱的教，就得讓他們先信咱的科學。

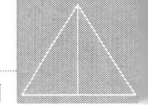

這條寶貴經驗，後來前僕後繼的外國傳教士們，都一直在繼續。

但到了中國，他卻碰了釘子，連門都沒摸到。嘉靖二十九年，沙勿略抵達距離廣州三十里的上川島。但是再往前走，就有明朝政府嚴格盤查。徘徊了數日之後，不得不無奈地離開。

之後他又想辦法混進泰國到明朝入貢的使團，打算瞞天過海混到北京去，誰知運氣不好，好不容易花光錢打點進來，又遇上泰國國王去世，原計劃的入貢取消。這一花錢打水漂外加希望破滅的沉重打擊，徹底摧垮了他的身體。這年年底，身在印度的他不幸病逝。

而這位傳教士中的探路者，對後來人影響最大的，還有一句重要遺言：「為了幫助不同民族的人接受福音，除了要學習他們的語言，更要對他們的文化有所認識。」

而在沙勿略過世三十年後，終於有一位義大利傳教士羅明堅（全名叫MicheleRuggieri）獲准進入中國境內。

他能得到這個好多人夢寐以求的機會，卻是拜了此時租住澳門的葡萄牙人，沒事犯錯所致。

萬曆七年，已經有好些年沒挨明朝揍的葡萄牙澳門當局，突然腦袋發熱，竟然擅自在澳門選舉葡萄牙法官，在當地行使葡萄牙法律。如此赤裸裸侵犯大明主權，立刻招來嚴重後果：兩廣總督陳瑞拍案大怒，然後明朝大兵壓境，要把葡萄牙人全部滅掉。

眼看滅頂之災降臨，整個澳門全嚇癱。據說當時葡萄牙的教堂裡，老老小小的葡萄牙人湊一起號啕大哭，幾天幾夜都不停。終於把一個神父給哭煩了，此人大義凜然地站出來：都別哭了，我去找中國人談判去。

這個勇敢的神父，便是羅明堅。

雖然葡萄牙人不哭了，但羅明堅的這個法子，當時看簡直就是痴人說夢：小小的神父，談判就能解決問題？笑話！

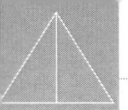

但羅明堅卻實在不是一般人。他最大的本錢就是對明朝的瞭解，自從來到澳門後，他一直積極學習中國文化，不但說得了流利的官話，甚至也深懂中國的人情世故。尤其厲害的是，他來中國的時候已經三十六歲，而且天生記憶力差，但就這麼個條件，透過刻苦學習，竟然掌握了一萬五千個漢字，還寫了一手漂亮的書法。

這個刻苦勇敢且聰明的人物，將透過此次惡性事件，打開西方傳教的窗戶。

結果在見到兩廣總督陳瑞後，他只玩了一個小小的文字遊戲，就完美解釋了這次惡劣事件：葡萄牙選的不是法官，而是家長。就像你們中國的村裡，不也有老族長管事嗎？我們洋人也一樣，百善孝為先嘛！

當然對付陳瑞這種老官僚，幾句話是不頂事的。羅明堅不但很會說，還更會送，早知道這位總督酷愛風雅，極會享受生活，於是投其所好，送他天鵝絨和玻璃珠當禮物，果然把陳大人哄高興了。

外帶葡萄牙當局也乖巧，不但鄭重承諾遵守大明法律，又咬牙賠了大筆錢，還痛快地主動漲租金。高興的陳大人於是高抬貴手，放了葡萄牙一次。澳門歷史上的一次慘烈大禍，就這樣被羅明堅圓滿和平解決了。

而羅明堅的最大收穫是，透過斡旋此事，他徹底搭上了兩廣總督陳瑞這條線。而後他更加積極活動，賣力巴結陳大人，很快獲得了豐厚回報：陳瑞將廣東肇慶天寧寺劃撥給羅明堅，作為他傳教的場所。這個重大收穫也立刻傳到了耶穌會總部，耶穌會總會趁熱打鐵，為他派來了一個學生，跟他學習漢語。這個人就是後來比他還傑出的被贊為「西方漢學之父」的利瑪竇。

最強傳教士利瑪竇

按照沙勿略的遺言，想在東方傳教，必須要懂東方文化。照這個標準，利瑪竇的履歷，實在是太符合。

到達中國之前，利瑪竇已經接觸了多年的東方文明，他在越南、印度、日本等地先後生活了四年。東方的文化和風情，早已盡嘗。

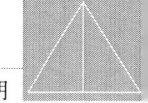

而比老師羅明堅更強大的，是他強大的教育背景：早年的老師就是彼時義大利數學家克拉烏，科學造詣極深。語言天賦更強，人沒出歐洲，就學會了希臘語，後來多國傳教，走一路學一路，熟練掌握多種語言。

而在來到中國後，他除了成為羅明堅的好學生，更成了工作中的好搭檔。兩人密切配合，在廣東賣力發展信徒。

誰知現實卻給他們當頭一棒，雖然有總督大人撐腰，而且衙門還頒布嚴令：禁止任何人搗亂。但現實依然殘酷，無論是讀書的學生，還是沒文化的平民，乃至有錢的士大夫，對他們都十分抵制，看他們就像怪物一樣，辛苦忙活一年，才發展了一個信徒。

就在殘酷的現實面前，更加聰明的利瑪竇，有一天終於開竅，給老師出了一個看似極「餿」的主意：咱先不傳教了，咱去交朋友。

雖然羅明堅覺得，自己學生這主意和腦子「進水」差不多，可傳教前景如此黯淡，再幹也白搭，那就死馬當活馬醫吧。

於是，奇特的一幕出現了，兩位洋人脫掉洋裝，換上了漂亮的漢服，還留起了中國士大夫的鬍子和髮式，開始在廣東士大夫階層中廣泛走動，頻繁參加各類交際活動。他二人態度謙和，而且學問也淵博，更捨得花重本，日久天長，終於交上了幾個好朋友。

而他們交朋友的最主要方式，就是透過各色的文化界活動，展示西方的新奇物件：自鳴鐘、三菱鏡、地圖。這招一開始奏效，好些當地的商人也和他們走動頻繁。但高端的朋友，還是交不到。在士大夫眼裡，這些玩意都是奇技淫巧，根本上不了臺面。

於是利瑪竇一咬牙，為了上臺面，開始刻苦學習，玩命地鑽研儒家經典。一有不懂的問題，就主動找學者上門討論，不管別人怎麼嘲笑挖苦，一概唾面自乾。這種虔誠求教的精神，終於感動了好多人。許多廣東當地的知名學者，乃至有名望的士大夫，都經常和他們一起討論學問。交際的圈子，越來越廣。

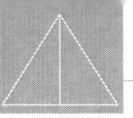

圈子・段子之大明帝國日常生活直播
明朝式的優雅

但利瑪竇自己更沒想到，他這樣做的後果，除了改變了傳教的前景，更深深改變了他自己：在刻苦的學習中，中國文化的博大精深，讓他打開眼界。而中國士大夫階層傲慢外表下的開明與好學，更讓他誠心敬佩。他後來在日記裡，不惜筆墨地表達了自己的稱讚：中國學者「醫學、自然科學、天文學都非常精通」，強大的明朝更是「柏拉圖筆下的理想國」。

這位虔誠的傳教士正潛移默化地被儒家文化征服。

而這期間他留下的最寶貴財富，就是繪製成功了《山海輿地全圖》，又名《萬國地圖》。這是中國歷史上第一張中文版的世界地圖，透過這張地圖，中國人第一次放眼看世界，瞭解了世界有五大洲、四大洋。

利瑪竇的苦心沒有白費，他在中國的朋友越來越多，混的也越風生水起。但萬萬沒想到，傳教大業卻橫遭打擊：支持他們傳教的兩廣總督陳瑞離職，新任兩廣總督將他們逐出了天寧寺。怎料禍不單行，當利瑪竇在新結識的中國朋友的幫助下，得以在廣東韶州傳教時，他的兩個助手卻又相繼去世。恩師羅明堅也返回歐洲。但利瑪竇卻堅持留了下來。在這時的他眼裡，除了傳教外，還有一件更重要的事，需要他留在中國做完：把中國的儒家經典，完全譯成拉丁文。這個工作，他做了幾乎後半生，即使最孤獨的時候，也從未中斷。

而在幾次傳教受挫後，利瑪竇也洞悉了晚明的社會形態。這為他的傳教事業，找到了一個全新的戰場：書院。在很多中國朋友的幫助下，他得到允許，可以在書院裡講解西方科學知識。

明朝文化發展到中後期，傳統的理學思想不斷遭到批判，逐漸成為熱潮的心學思想，崇尚學術自由平等，倡導辯論探討。而身負教育之責的書院本身，更成為自由學風的載體。利瑪竇，也開始借助這個東風。

之後的很多年，利瑪竇的足跡，都以書院講學為形式。先是在其中國弟子瞿太素的幫助下，得以在韶關書院講解西方的科學知識，引起當地轟動。萬曆二十三年（1595年），他由南雄刺史王應麟陪同至南京，打算先進書院講學，然後謀求傳教，卻被當地地方官下了「不予接納」的禁令。進退維谷間，

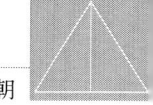

江西巡撫陸萬垓向他拋出了橄欖枝，在江西南昌，利瑪竇與酷愛天文的陸萬垓暢談，交流東西方天文學的差別。

在陸萬垓的幫助下，利瑪竇獲准在明朝著名學府——白鹿書院講學。他詳細地講解了東方日晷記時與西方記時方法的優劣，並闡述了西方天文觀測和日食測定的基本理論。次年九月二十二日，利瑪竇成功預測了當天發生的日食，從此名聲大振。

比起早年在廣東修建教堂的做法，利瑪竇在江西做出了改變，他一不修教堂，二不公開傳教，反而借鑑《四書》裡的段落，將天主教的「上帝」與中國傳統的「上帝」合二為一，透過交流西方科學知識的方式潛移默化傳教。這種傳教方式，後來被他歸納為「南昌傳教方式」。這時期的利瑪竇，傳教成果顯著，而他本人也習慣了穿儒家袍服，蓄中國式長鬚，一派儒生形象，也得了一個尊稱：泰西儒士。

結識徐光啟

就在利瑪竇傳教南京的時候，一個遊歷廣東的上海青年無意間走進了他在韶關的教堂，在得悉了利瑪竇的事跡後，對他大為仰慕。萬曆二十六年（1598年），利瑪竇再赴南京時，終於和這位青年相見，之後他們成了一生的良師益友。這青年就是徐光啟。

結識徐光啟期間，利瑪竇在南京和有名的高僧雪浪進行了一場有關天文、曆法、算學等內容的辯論。這場辯論的結果，就是使利瑪竇得到了不少南京當地知識分子的認同，尤其是得到了後來的明朝內閣首輔，此時任南京禮部尚書的葉向高的支持，在葉向高的幫助下，利瑪竇在南京正式建立了教堂。兩年後的五月，利瑪竇又獲准在北京傳教並常住。

當時這件事，在明朝的反對聲也極大，個別惡毒的人，還說利瑪竇是「鳥學人言。」可比起清代的閉關鎖國來，明朝的士大夫大多是明白人，連內閣大學士沈一貫等人也對此持開明態度。於是，利瑪竇如願以償了，此後他永住北京，悉心傳教。在他的努力下，北京當地有了兩百多名天主教徒。萬曆三十八年（1610年）五月，利瑪竇病逝於北京。

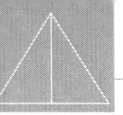

圈子・段子之大明帝國日常生活直播
明朝式的優雅

晚年的利瑪竇除了傳教外，最重要的工作，就是著書譯書。萬曆三十四年（1606 年），他在北京和徐光啟合作翻譯了歐幾里得的《幾何原本》，這是一本奠定現代中國數學教育的著作，當代中國數學中的「直線」「平行線」「開平方」等數學名詞，皆從此書翻譯開始。他又與李之藻合作翻譯了《同文算指》，這是西方數學家克拉維斯的經典數學著作。後來的熊三拔、鄧若涵、湯若望、郭居靜等具有深厚科學造詣的傳教士也經他介紹，進入中國主流知識階層。在中西方文化交流上，他確是位至關重要的人物。

值得一提的是，利瑪竇傳播西方學術思想的初衷，是為了幫助傳教，但中國士大夫對西方自然科學的熱情卻最終讓他吃驚。在他早期傳教韶州的日記裡，他曾感嘆中國知識分子「很少有科學方面的交流。」但晚年他寓居北京的日記裡，卻驚訝地讚歎「中國士大夫對科學的熱情，可以用饑渴來形容」。彼時明朝已是末世，國家危機嚴重，學術領域裡，「經世致用」的實用主義思潮盛行，青年知識分子普遍希望用實用的學術知識來挽救江山社稷，這也是利瑪竇等西方傳教士得到知識分子們普遍歡迎的重要原因。

利瑪竇等的貢獻

說利瑪竇是西方漢學的先驅，更重要的原因是，他促成了西方漢學的興起，甚至引發了之後持續西方百年的「中國熱」。

利瑪竇等傳教士的更大貢獻，是「東學西漸」。中國的哲學、歷史、文化、以及造紙、印刷、農藝、數學、飼養等先進文化，都被他們不遺餘力地翻譯到西方。

早在萬曆二十一年（1593 年），利瑪竇就把他翻譯出的《四書》託人帶回義大利，拉丁文版的《四書》問世後，在歐洲引起轟動。利瑪竇去世十六年後，另一位傳教士金尼閣完成了他的心願，將《五經》也翻譯成為拉丁文。

中國儒家文化的傳入，在彼時西方知識界引起了劇烈「地震」。德國哲學家萊布尼茲評價說：「中國儒家文化極有權威，遠在希臘哲學之上。」萊布尼茲成立的柏林學派，從此將中國哲學作為核心研究課題。而利瑪竇在歐洲影響最大的著作，卻是他在中國用拉丁文寫的日記，後被金尼閣整理成《利

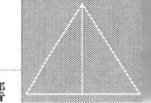

瑪竇中國札記》。在這本日記裡，利瑪竇全方位地介紹了中國的社會風貌、經濟情況、文明程度、書中展現的繁華、文明、富足、開放的中國社會讓無數歐洲人心嚮往之。在整個 17 至 18 世紀兩個世紀裡，這是歐洲最暢銷的圖書。

這以後，介紹明末中國的圖書如雨後春筍，之後有了西班牙人門多薩的《大中華帝國史》，葡萄牙人曾德昭的《大中國志》，不但介紹中國的社會風貌，更展現中國此時獨具特色的政治制度和司法體系，這一切都成為此時歐洲清新的空氣。在曾德昭的書中，他稱讚中國「住房設計良好便於住宿，舒適整潔」，「城市繁華，每天的情景都像歐洲大型的節日」。中國的城市有「優良的建築，寬大的街道，優雅的百姓」。中國人的修養、文明、素質都令大洋彼岸的歐洲人大為欽敬。

公元 1700 年，法國國王路易十四在宮廷宴會上，破天荒地穿上了中式服裝，整個歐洲為之轟動，此後，持續百年的「中國熱」開始了。之後的一個世紀裡，歐洲人以穿中國服裝，使用中國物品為榮。而伏爾泰、孟德斯鳩等啟蒙思想家，開始讚揚中國的文化政治制度，抨擊歐洲的黑暗專制。這是後來歐洲資產階級革命的先聲。

明代科學對世界的影響

晚明一樁堪稱人類文明史的盛事，便是西方文化的大量輸入。

隨著隆慶開關後，中國大門正式向航海時代的世界敞開，以傳教士為主體的大批西方學者紛至沓來，雖說傳教很失敗，但意外收穫極成功：新鮮機巧的西洋物件大受歡迎，從望遠鏡、地球儀這樣的科普產品，到鋼琴、薩克斯管這類娛樂玩具，在明朝消費階層裡廣泛流行。西方的數學、物理、化學等科學研究成果，更大規模地湧入。

大人物左宗棠的悲憤

新鮮的西方文明，彷彿大洋彼岸的季風，就這樣一波波熱情地吹來。而對這滾滾浪潮，絕大多數的明朝知識分子，情緒普遍穩定，態度更積極興奮。

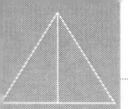

圈子・段子之大明帝國日常生活直播
明朝式的優雅

雖然後人說起「放眼看世界第一人」，常首推清代林則徐，但要論看世界的境界高度，明末的士大夫隨便拉幾個出來，也要甩林則徐「幾條街」。

這些熱情且睿智的明朝科學家，像武俠世界裡吸納別家門派真氣的高手，「煉功」的新成果極喜人：《崇禎曆書》的精確水準遠超前代；天文望遠鏡「窺遠鏡」堪稱17世紀世界最尖端產品；改裝歐洲裝備的明朝軍火，殺傷力強大到恐怖；龍尾車等西方農業器械，也被創造出各類升級版，到民國年間還廣為使用。更有從《幾何原本》到《泰西水法》，一批亞歐合璧的科學巨著，內容都豐富生動。晚明科技文化，在西方新思想的催動下，繁衍出一派鬱鬱蔥蔥的風景。

但這樣的生機勃勃，隨著清軍入關，終變成了悲情的曇花一現。各種科學著作成果，以「異域邪說，蠱惑人心」的名義，長期遭到禁毀。有些明末時流傳如家常便飯的科技，到了清朝退化到神秘：比如明朝戰場上常見的開花砲彈，在清代銷聲匿跡，連放眼看世界的林則徐都一頭霧水，不知這好玩意怎麼造的。直到左宗棠西征，在陝西鳳翔看到了明代開花砲彈的遺物，這才搞懂幾百年前，明朝人不但早引進這技術，還完美地融會貫通了。

這撥雲見日的場面，也令左宗棠十分心痛，在《左文襄公全集》裡悲憤高呼：西方科技傳進中國幾百年，結果後人竟全忘光了，難怪歐洲小國靠幾條船就能踩在我們頭上。這番痛苦呼號，也成為洋務運動時代著名的宣言，一百多年來，十分振聾發聵。

但心痛的左宗棠假若再知道另一個真相，不知是否會被刺激到心碎：歐洲人能騎在咱頭上，不只因為自清代以來國人一直敗家，更因為人家一直積極向中國學習。那場自明末起的東西方交流風潮，西方人帶來的新東西多，從明朝學走的文化卻是更多，尤其是讓近代國人自卑不已的科學。那些極度崇尚西方科技的仁人志士們，好多都極難想像，真正造就西方科技文明在近代質的飛躍的，也許正是我們明朝的老祖宗。

只是那些曾被歐洲人熱情追捧，甚至深度改寫歐洲史的中國科技文明，多半都是被清朝人自己忘光的。

明代科學對世界的影響

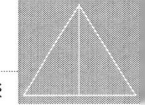

誰知「中國熱」

說起明末那場東西交流風潮，近代國人常稱為「西學東漸」。這個新名詞是從日本傳入，而後被廣泛應用命名歷史上的東西方交流事件。在那個中國已落後挨打很久，喪權辱國成習慣的年代裡，這個新鮮詞語，寫照了當時東方「進步青年」們，對西方文化極度仰慕崇敬的心態。

但在西方自己的歷史記錄中，這場發端於明末的交流熱潮，卻還有一個高大上的名號：中國熱。

如果說明末西方人帶到東方的新文化，彷彿陣陣清新季風。那麼大明王朝回饋給整個歐洲的，卻是持續火熱的風暴：隨著東方商品的持續輸入，外加各類傳教士介紹中國的書籍在整個西方世界的熱銷，劇烈的中國風從此登上歐羅巴大陸，全歐洲近乎瘋狂地捲入其中。

倘若穿越到17世紀至18世紀的歐洲，想找點中國元素，從宮廷到民間，都幾乎是司空見慣的場景：宮廷宴會上最亮眼的，是王侯貴族身上華美的漢服；巴黎城裡最能帶動票房演出的名劇，是中國皮影戲；豪華幹道上絡繹不絕的，有裝飾精美的中國轎子。那些上流交際場合裡，達官貴人們最撐場面扮風雅的隨身小物件，自然是中國扇子。而富家少爺、小姐花前月下的浪漫場所，則是中國風情的涼亭。至於精美絕倫的中國瓷器，更是從普通家庭到王族宮廷，受到千家萬戶熱捧歡迎。

貴為國王的法國路易十四，更堪稱其中的「腦殘死忠」，平時「上班辦公」，必穿中國漢服，王后也深受影響，大愛中國絲綢面料的鞋子，業餘愛養中國金魚。兩口子愛到深切，還乾脆放大絕：在著名的凡爾賽宮裡，新建了一所中國宮。這宮殿的整體建造完全是中式特色，宮裡的磚磚瓦瓦，也全是厚重中國風。柱子上、瓷磚上滿是中國圖案，能放東西的地方全擺滿了高檔中國瓷器，還有精美中國絲綢織成的紗帳。放眼望去，撲面而來的是「洋土豪中國混搭風」。

國王如此，大家也有樣學樣。英國女王就不甘落後，照著作家笛福（寫魯濱遜的那位）的形容，女王不但最愛中式漢服，而且每當重大典禮活動，

明朝式的優雅

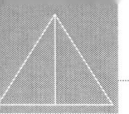

相關的房間更必須以中式風情來裝飾。且比起路易十四的混搭來，英國女王卻是個精細人，房屋的中國風情裝飾，一板一眼都必須考究，細化到窗簾、屏風甚至桌椅、家具，都必須完全中國式。她的足跡到哪裡，哪裡就打扮成中國樣式。

在國王們的帶頭下，貴族們的熱情也高漲。當時歐洲上流社會貴族婦女閒聊，主要就比較自家的中國珍品，連帶著中國貨的價格，也連年水漲船高。當時歐洲紡織畫師的必修課，便是學中國圖案，只要繪製得像，山寨版的絲綢貨都能賣高價。瓷器更了不得，在西班牙這類軍事國家，通常都是打賞有功士兵的珍品。而在奴隸貿易發達的英國利物浦，中國瓷器更炒到天價。沒事抱件青花瓷到奴隸市場走兩步，換十七八個黑奴回來不成問題。

而且需要注意的是，上面這些情景，絕不是當時歐洲某一季或某幾年的特殊風尚，而是綿延近二百年的火爆現象。從衣食住行到吃喝玩樂，從王公貴族到平民百姓，歐洲大地滿是最炫的中國風。風靡歐洲兩個世紀的中國熱，在明亡清興的年月，正是熱得發燙。

而比起看似輕飄飄的流行風尚，中國文化對歐洲的影響與改造卻更強力到震撼。

這其中知名度相對高的，便是來自大明的人文科學。這算是洋牧師們在中國傳教的最大意外收穫：本來只為了獲得中國人好感，勉強捧起《四書》《五經》看兩眼，以方便傳教事業發展。孰料中國儒家文化的吸引力實在太強大，以至於這幫認不得幾個中國字的傳教士，竟都拿得起放不下，深深地陶醉於其中。不但廢寢忘食地學習，更前僕後繼地翻譯：利瑪竇將中國的《四書》譯成了拉丁文，金尼閣將中國的《五經》也隨後翻譯完成，隨後這股翻譯熱潮，更從中國本土傳到了歐洲。大批傳教士們嘔心瀝血，把中國儒家學說典籍，精心介紹給歐洲。

而這件事的後果，更像給整個歐洲大陸，投下一顆顆「重量級炸彈」，但凡有頭腦的學者都給震得發暈，其後史不絕書，就是從 17 世紀至啟蒙運動年代，歐洲的哲學家思想家們，對中國文化毫不吝惜地讚美。照著啟蒙運動領袖伏爾泰的話說，中國文化便是一個「新的精神和物質的世界」。

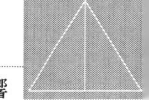

正是以這個新世界為平臺，歐洲人越深切體會到了儒家文化的厚重積累。照著 17 世紀德國哲學家萊布尼茲的斷言，儒家思想「遠在希臘人的哲學很久很久以前」，而其中完善的思想體系和積極進取的精神，更是「竟使我們覺醒了」。儒家聖人孔子，也在大洋彼岸得到了極高的尊崇，以狄德羅的讚美說，「使世人獲得對神最純真的認識」。霍爾巴哈得到的結論更激奮：全歐洲的政府，都要以儒家思想立國的中國政府為模範。

在對儒家思想的震撼認識與猛醒後，一代代西方思想家幡然振作，把各類典籍如饑似渴地解讀。清新的儒家思想，更成了西方啟蒙運動的最強力助推，如伏爾泰等領袖人物更對此推崇不已。風雲激盪的法國大革命裡，更有這場思想革命的閃光印記：1789 年《人權和公民權宣言》中的核心法律，正是孔子的名言：己所不欲，勿施於人。

來自大明的高科技

比起儒家思想對歐洲思想家的火熱碰撞，中國自然科學的傳入，知名度不算高，影響卻同樣持久綿長。

中國自然科學改寫歐洲歷史這事，在中世紀早期就發生過一次，即有名的三大發明西傳。火藥、指南針、印刷術三大科技，伴隨著蒙古西征的腳步登陸歐洲，然後深度改變了全歐洲的社會形態。之後的騎士階層瓦解，文藝復興運動轟轟烈烈，大航海時代蓬勃展開，全是這三大科技帶來的連鎖反應。照著「英國現代實驗科學真正始祖」弗蘭西斯·培根的話說：歷史上沒有任何帝國，宗教或顯赫人物能比這三大發明對人類的事物有更大的影響力。

而在培根的身後，一件同樣有著大影響力的事情緊跟著發生了：晚明科技持續傳入歐洲。

如果說三大發明的登陸，帶來的是天翻地覆的巨變。那麼這一次明朝各類科技的到來，效果卻是潛移默化的改變。

與《四書》《五經》的引進翻譯一樣，這次扮演介紹人角色的，依然還是傳教士們。

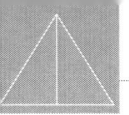

圈子・段子之大明帝國日常生活直播
明朝式的優雅

雖然這群人動機不同，水平眼光也有差異，但必須承認他們的一個優點，便是實在。特別是造訪中國後，他們逐漸發現了一個事實：三大發明的源頭就在這裡。因而也奮筆疾書，寫了不少論證此真相的資料筆記。比如門多薩的《大中華帝國史》裡，有整一章的篇幅，來論證並讚美中國發明印刷術。就態度來說，真比後來的韓國人「靠譜」。

而與正本清源同時進行的，便是對明朝先進科學技術，幾乎不遺餘力地介紹。首先讓歐洲人開眼的，便是大明的傳統優勢領域：農業生產。

西方傳教士們對明朝農業極其稱道的，除了辛勤的農民與廣袤的天地，便是高精尖的農業科技了。很多傳教士的日記裡，都清晰記錄了當時中國東南沿海發達的灌溉體系。利瑪竇的日記裡更清楚確認，當時中國南部大多數省份，已經普遍推廣了三季稻，以至於中國的大米畝產「遠比歐洲富裕得多」。中國農民的精耕技術，也令歐洲人驚嘆。就連曾在中國因為走私而坐牢的海盜佩雷拉，都感慨回憶過中國農民精耕技術的細膩成熟。

比起稻種與技術，中國本土的農業設備，也更令歐洲人眼饞。西班牙人拉達曾不惜筆墨地形容過福建的水車，說這類水車比歐洲大得多，運轉能力也強得多，就連山坡丘陵上的荒地都能澆灌得到。同時又介紹了一種大功率農具揚穀扇車，這種可借助風力脫穀殼的設備，使用極其便捷。

類似的介紹書籍流傳到歐洲，引發了好多客戶的興趣。明末清初的時候，就有荷蘭船員倒賣中國大型農具，轉手就有暴利。而到了清朝年間，在中國的外國傳教士們，也經常做這種倒賣生意。彼時在歐洲最受歡迎的設備，正是上面說到的揚穀扇車，這種新農具的普及，結束了歐洲農民之前只能人力揚穀的苦累生活。

這類明朝農業技術，也引發了中國熱時代，歐洲知識界對中國農業的興趣。特別是入清以後，每逢有重要外交活動時，歐洲人都特別精心策劃，處心積慮蒐集中國在種植與開墾方面的技術情報。但在鴉片戰爭前，由於清政府監管力度極大，這類技術學習，通常收穫極小。

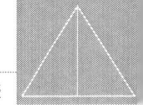

中國農業科學奇書——《農政全書》的降臨，令歐洲人得償所願。這部由明代科學家徐光啟主筆的巨著，卻在清朝建國後的相當長時間裡遭到禁毀，直到乾隆年間才得以完全見天日。而作者徐光啟生前更萬萬想不到的是，這部凝結了他一生心血的巨作竟在歐洲特別受歡迎。

在集結了明末多名傳教士回憶文字的18世紀歐洲暢銷書《中華帝國全志》裡，便有整一章的《農政全書》法文選譯。這段《農政全書》裡講述養蠶技術的篇章，一下顛覆了歐洲人的蠶桑養殖理念，並很快被紛紛轉載。俄羅斯葉卡捷琳娜沙皇時代，《中華帝國全志》得以轉譯成俄文版，但沙皇俄國只允許轉譯書中的前兩章，相反其中的《農政全書》部分不但全數翻譯，更重新配有清晰插圖。

在以後的百年歲月裡，這部五十萬字的巨著，便由不同傳教士們艱難地引進轉譯，並於1849年完全翻譯成英文。書中陸續亮相的中國農業技術，不斷催生著歐洲本土產業的進步。這本書在歐洲，也逐漸有了一個公認的稱呼：農業百科全書。

而同樣獲得歐洲認同的，便是一門今天依然被反覆苛責刁難的學科：中醫。

歐洲人開始大規模介紹中醫，是從明朝中期開始。早在嘉靖年間的時候，一些歐洲傳教士，就記錄了中國人用黃連治療病症的情況，甚至說明了茶葉的清熱療效。後來中國茶葉火爆歐洲，正是從這類「廣告」開始。

特別有趣的是，當西班牙拉達使團出使中國時，還機緣巧合得到了明代著名的針灸著作《徐氏針灸》。可是西班牙人知識水平太匱乏，哪怕腦洞大開，也終究沒看懂這書講的是什麼。以至於門多薩在以這次出使為藍本，撰寫《大中華帝國志》時，說到中國的醫學，依舊一頭霧水，只能草草介紹幾種草藥了事。

一直到精通漢學的利瑪竇出手，歐洲人才算開始明白中醫。利瑪竇不但詳細介紹了中醫的治療方式，更細緻講述了中醫考核醫生和傳授醫術的方法。在他的影響下，越來越多的西方人對這學科發生了興趣。法國人哈爾文於南

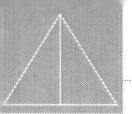

圈子·段子之大明帝國日常生活直播
明朝式的優雅

明永曆年間，正式成功翻譯了《中醫秘典》，並在巴黎出版，很快火爆一時。這是全世界第一本介紹中醫的歐洲讀物。

自此以後，越來越多的中醫典籍，相繼譯出了外文版本。一開始還是明代同期的醫書，後來許多中醫先賢名家的典籍，也陸續介紹到了歐洲。其中最有名的，便是晉朝王叔和的《脈經》，甚至還引發了版權糾紛：此書本來由波蘭人卜勒格翻譯，卻被荷蘭醫生可來耶剽竊，不但以個人名義明目張膽地出版，還配了新式插圖。但這種無恥做法，倒也帶來一個積極後果：中醫的經脈學在歐洲迅速流傳。

而隨著大批中醫典籍的翻譯，中醫的治療方法，也在歐洲名氣越發大，連道家的養生技法，也在歐洲流傳起來，並被稱為「CONG-FOU」。「功夫」一詞便是從此傳開。同時流傳歐洲的，還有中醫的種痘防治天花法。英國駐土耳其大使館首先採取了此法，後來在全歐洲推廣開來。以伏爾泰的話說，這是一個「偉大的先例」。

而相比於這一時期，中國在天文、數學等領域的落後，以及對於西方先進科學曾經全方位的學習，中國在另一個領域的先進技術更強烈地影響了西方社會：手工業。

首先一直被讚美的，便是外國人眼中的明朝產業工人們。以傳教士科魯茲的話說：明代中國南方城市的工匠們，技術特別精湛，到了巧奪天工的地步。紡織工人的技術，最令當時傳教士們稱道，當時中國絲綢的精緻與細密，是歐洲絲綢難以做到的。而18世紀法國經濟的起飛，也因為一樣與中國絲綢有關的本事：強大的「山寨」能力。擅長學習的法國絲繡，能夠準確描摹中國絲綢的圖案，因而出現仿真版中國絲綢，照樣可以賣個性價比高的好價錢。

而在西方人引以為豪的造船和軍火製造領域，明朝帶來的影響同樣極大。後人常津津樂道明朝軍工對西方火炮的改裝，事實上歐洲對明朝火炮的學習同樣執著。西班牙菲利普國王時代，歐洲來的傳教士們，就曾用各種管道，大量繪製明朝海岸火炮的圖紙。以曾德昭《大中國志》裡的話說：這些炮比我們造得更好，更有威力。

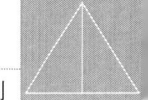

西方人仿造學習更多的，則是明朝的造船術。早在明朝正統年間，義大利人尼格羅康的游記裡，就曾展示過明朝造船的獨門絕技：橫隔艙技術。而隨著東方航路的開闢，學習明朝的造船術，也成了西方殖民者的重點工作。中國先進的船體構造技術，對後來的西方造船技術影響頗多。從萬曆晚期起，隨著西班牙菲律賓總督府的成立，不惜重本仿造中國船隻，更成為一度的熱潮。

在中國船流行的同時，中國特有的加帆獨輪車，也成了歐洲社會的熱寵。這種誕生於5世紀的交通工具，發展到明代，已進步到十分輕便迅捷。歐洲傳教士經常驚嘆中國農民似操縱帆船一樣快速操縱小車，以門多薩的話說，這真是「一個偉大的發明」。

對這偉大的發明，歐洲人也十分追捧。從16世紀晚期起，這種小車就傳入了歐洲，並用於物資運輸中。直到18世紀晚期拿破崙戰爭時，改裝的高速風帆運輸車，依然是輸送軍用給養的重要裝備。從萬曆晚期起，歐洲上流社會還流行飆車遊戲：把中國風帆小車改裝成高速風帆馬車，並有各種賽車比賽，場景十分火爆。荷蘭人開發出的「中國式揚帆馬車」，最高時速可達40英里。這是汽車發明以前，歐洲陸地器械的最高時速紀錄。

而在手工業著作方面，一直在西方享有盛名的，便是明代宋應星的科學寶典《天工開物》，儘管比起《農政全書》來，《天工開物》介紹到西方的時間要晚得多，內容也同樣有限。直到19世紀早期，法國人儒蓮才將其部分翻譯。但書中所記錄的明代制墨、制銅、造紙等技術，依然遠高於這時期的歐洲。因為這部精簡版一出，轟動效應十分大，很快被轉譯成英、德、意、俄等國文字。然而當歐洲人用火炮打開中國大門後，看到的清代手工業，卻是另一種酸楚的情景。因而這部19世紀中葉得以完整翻譯的奇書也就有了一個令人唏噓的譯名：《中華帝國工業今昔》。

▌「史上最好」的國家福利

明朝晚期一個出名的毛病，正是「民富國窮」。

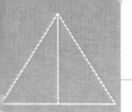

有名的是「民富」，套傳教士利瑪竇的讚歎說，就是「遠比歐洲富裕得多」。照明朝文臣的記錄，京城開門頭房賣調料的，都是身家千萬的富豪。外商也爭先恐後砸錢掃貨，比現在中國人出國買馬桶蓋還瘋狂。僅西班牙一國，每年砸進來的銀元就有數百萬。歐洲因此對明朝有個形象稱號：銀泵。

可比「民富」更有名的，卻是「國窮」。萬曆皇帝親政起，財政收入就縮水，以至歷代皇帝開礦稅增三餉，狠刮卻趕不上猛花。刮到崇禎帝上吊煤山，大明王朝徹底坍塌。

怎會有這「奇葩」景象？公平說是歷史問題。明朝商品經濟發展速度，早已脫節政治體制，從管理到法律滿是漏洞，挖國家牆角很輕鬆，其中挖得尤其狠的，比如東林黨，長期官商勾結撈利益。等國家財政虧成窟窿，再叫苦讓農民加稅買單，買得苦農民們舉旗造反。這惡性循環，崇禎皇帝到北京淪陷才明白，上吊前悲憤高呼：文官皆可殺！

但就是這毛病裡，被後世許多史家長期無視的，還有另一個驚人的真相：一直窮困且用錢摳門的晚明政府，卻也有窮大方的一面。民生福利的開支上，最窮的年月，也捨得花錢。

這個令歷代皇帝窮大方的社會福利，曾是大明自建國開始，歷代嘔心瀝血維護，堪稱人類古代史上最優厚的福利保障體制。

也正是透過這個福利保障體制的盛衰，或可看到大明王朝興亡的緣由。

朱元璋是個起步價

大明王朝的社會福利保障體制，締造者正是明太祖朱元璋。

殺伐果決無情的朱元璋，在民生問題上，始終是柔情溫馨的一面：只要得知百姓的貧窮境況，哪怕當著群臣，也常忍不住唏噓垂淚。草民的艱辛，一生感同身受。

動完感情，朱元璋就行動。其中一大成果，便是全民福利。以學者敖英的總結，有三大成就：收容孤老和殘障人士的養濟院，提供醫療服的惠民藥

「史上最好」的國家福利

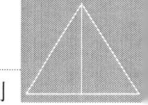

局,免費公墓漏澤園。套今天的俗話,是讓中國人老得起,病得起,死得起。放在古代社會,更是了不起的創舉。

為了監督執行,朱元璋還祭出傳統法寶:全國撒網似的暗訪,但凡有困難戶沒得到救助,地方官什麼都別說,先六十大板招呼。砸錢更生猛。現存於各地的明代養濟院遺址,都有秀麗的綠化與清澈的井水,堪稱高檔舒適「樓盤」。經濟補貼也大方:成年人每月三斗米、三十斤柴,還有冬夏布匹三丈,管保夠吃夠穿。這個標準寫入了《大明律》,歷代皇帝都認真執行。

而堪與這三大福利比肩的另一個貢獻,便是養老。洪武二十年,大明頒布終身養老令:八十歲以上老人每月給五斗米、三斤酒和五斤肉,九十歲以上的老人更加給一匹帛和十斤絮。全民養老,大明開創。

就連朱元璋一向最嚴格的領域——法律,對老人也特別寬容。名臣韓宜可記錄,安徽官學有老漢「碰瓷」詐騙,本該杖責流放。但念其年過七十,還是放回交家屬看管。江南的年輕人毆傷他人,本該充軍服刑,可老母年過七十無人照料,於是也法外開恩,改在家鄉勞改。家有一老如有一寶,放在明代,是實實在在的真理。

朱元璋這幾樣大刀闊斧的福利,放在整個中國古代史上,都堪稱力度空前。可跟他另一樣福利舉措比,卻又清一色的「小兒科」:救災。這事在明初,是官員絕不能犯錯的「高壓線」。湖北水災時,戶部主事趙乾拖沓半年才跑到災區。朱元璋二話不說,將這貨立刻判斬。這位玩忽職守的庸官,成了中國古代史上第一個因救災不力被殺頭的倒霉鬼。

殺官這種血腥事,對一生強硬鐵血的朱元璋來說,只是小意思。他一直努力解決的,卻是一個大挑戰:古代訊息交通科技嚴重落後,想要救災提速,就該大膽創新,建立高效預警體制。

所以朱元璋的另一個舉措,竟是放權。在官員戰戰兢兢恨不得什麼事都早請示的朱元璋時代,有一件事卻可以自作主張:救災。倘若災情緊急,地方官可以不經請示,先期開倉賑濟。戲臺上的「先斬後奏」,多是歷史票友瞎掰。但「先賑後奏」,卻是朱元璋拍板的特殊規矩。

147

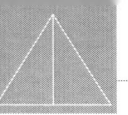

而朱元璋敢這麼做，關鍵還是底氣足，大明每年稅糧收入高達三千二百萬石，堪稱自唐朝兩稅法實行以來，中國歷史的新高。無論搞福利還是發賑濟，大明都辦得起！

尤其撐起他底氣的，便是新生的救災預警倉庫：預備倉。

預備倉，是明朝專用於救災放糧的專用倉庫。具體運作是，由國家先期投入二百萬紙鈔購糧，在全國各縣興建。而後這些倉庫由官府監督，士紳具體負責維護。有了這好創舉，快速救災就變得方便容易。

更加方便容易的是，養濟院等福利機構，也就有了最可靠的依託。手裡有了糧的大明王朝，運轉起這個優厚完備的福利體制，從此心裡不慌。

而親手造就這個福利體制的朱元璋，即使到臨終時刻，依然對民生唸唸不忘。遺囑裡反覆叮嚀的，就是自己的喪事要從簡，更不要影響民間的婚喪嫁娶。但牽掛民生的朱元璋，萬萬沒想到的是，他苦心營造的福利體制，有些還是灌水的。就以養濟院來說，他過世沒一年，許多地方就奏報，好些都塌了。

這倒不是官員故意的，而是他心情急迫，在考核嚴格下，逼得地方官們為求自保，玩命趕速度，只求先糊弄了事。當時在位的新皇帝建文帝朱允炆也很無奈，只能下詔不追究。

一心勵精圖治的朱元璋，固然拼盡全力。但好些真實業績，對比他偉大的理想，卻只還是起步價。全民福利？後續的皇帝依然在路上。

皇帝各個有高招

燕王朱棣造反成功，把姪兒建文帝攆下龍位，登基加冕為永樂皇帝。而後他以優秀的表現證明，他繼承的不只是江山，更是朱元璋未曾做完的福利。

朱棣登基後的一件重要事就是佔老爹「便宜」。永樂三年起，國家撥出巨款，全國檢查翻修養濟院。歷經七年艱苦勞動，終於全數整改完成。到永樂十年四月，全國各縣都有了煥然一新的高檔養濟院。這件朱元璋忙了一輩

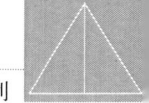

子的創舉，從此成了實實在在的真福利。同時又大力整頓預備倉，原先各地設於郊外的倉庫，全數搬進縣城，以求方便管理。

民生補貼方面，朱棣同樣大方，還有額外福利：永樂元年起，大規模發耕牛給山東、河南、北平、陝西四地農民。由地方政府採購，然後無償發給農戶。有官員叫苦說，這次專案搞太大，四里八鄉的牛全買光，拿錢都買不夠。朱棣二話不說，立刻從自己嫡系軍隊裡調撥，拉出一堆軍用牛馬補足缺額。

而在軍用轉民用的意識上，朱棣也十分開明。好些生產武器的作坊，大力加班加點，轉型生產農具，然後無償派發給百姓。各種以軍用技術改裝和冶煉的新型農具，更是琳瑯滿目。後世一些農業學家也認定，這次農具大放送，是明代北方農業生產技術的一次大升級。

這個創舉的回報，也十分豐厚。永樂時代明朝的年均稅糧收入，強勢超越剛創記錄的朱元璋，達到三千二百三十萬石。當時各地的官倉、民倉，儲備到了「紅腐不可食」的地步。永樂年間的各樣偉業，從七下西洋到萬國來朝的榮光，依靠高福利換來的強大國力，才是根本。

歷代帝王重視高福利，原因也正在這。高福利既是社會穩定的基石，更是抗風險的「防火牆」。典型的例子，便是明英宗恥辱被俘的土木堡之變後，隨之而來的北京保衛戰。大明子民捐錢捐物，齊心協力投身抗戰。瓦剌騎兵殺氣騰騰到來，看到的正是這鐵血不屈的民眾。甚至在明軍一度不支的情景下，百姓竟沖上城頭，以磚塊石頭做武器，與敵人浴血奮戰。如此情狀，與崇禎年間北方軍民面對後金鐵騎倉皇逃竄的慘景比，差距何其大。大明的高福利，換來的正是鋼鐵般的凝聚力。

嘗到高福利甜頭的明朝皇帝們，在這事的執行上，創意也非常別緻：宣德年間，江南巡撫周忱首創濟農倉。這種以漕運餘糧為儲備的新倉庫，常給工商業提供貸款。既惠顧民生，收益也豐厚。一向拖欠朝廷賦稅的江南，二十年間因此還清舊帳。正統至景泰年間北方抗擊瓦剌的戰鬥，正是由濟農倉提供的錢糧保證。

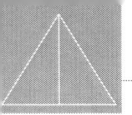

無奈好景不長，隨著周忱「下課」，新巡撫鼠目寸光，更為了邀寵，把濟農倉的錢糧全數拉進了京城。這個新倉儲從此被廢，江南地區的欠稅從此堆積如山。

但在福利政策的執行上，歷代皇帝都認真。養濟院的規模，從永樂到萬曆年間，一直不停擴建。明英宗復辟後的第一件事，就是在大興和宛平加修養濟院。到了明孝宗「弘治中興」時，連全國各地的軍事衛所都蓋好了養濟院，嘉靖皇帝登基後，僅北京周邊，就加修了五所。待遇也升級，除了發錢糧外還加餐管飯。

現有養濟院的規模，也在不停地擴建。到萬曆年間，許多養濟院的陣仗，已龐大到恐怖。就以宛平縣養濟院來說，經過一百多年的改造，萬曆年間已經收容了兩千多人。而且擴充後的養濟院，職責也更多，還搶惠民藥局的「生意」，常招募醫生定期坐堂免費診病，遇到瘟疫災害，更要施醫布藥。可謂大明朝的全能慈善中心。

而在大明早已成定製的養老福利上，明英宗也更大方，復辟後的另一個創舉，就是頒布優老之禮老人年金。這福利比朱元璋還大方：老人享受國家錢糧補貼的年齡限制，放寬到了七十歲，給肉加到十斤。九十歲以上的，不但補貼加倍，而且每年還享受一次政府盛宴款待。這就是更完善的大明式養老，不僅是惠澤老人，更要生活質量好。

雖說皇帝們如此拼，但一個越來越嚴峻的現實，自明中期起還是不可避免：維持現有的福利體制，已經越來越難。原因更很現實：缺錢。

福利缺錢怎麼辦

發福利一直大方的大明朝，為什麼會缺錢？

首先還是體制問題。大明的福利保障，植根於朱元璋的高度集中經濟體制。田賦的穩定收益，才是大明式福利的源頭。可是自從明朝中期起，土地兼併越發嚴重，商品經濟日益繁榮，看上去很美的福利保障，也就無情地斷了奶。

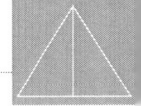

首先出問題的，便是曾經儲備豐厚的預備倉。

預備倉最早出的問題，是管理混亂。預備倉的日常維護主要靠官府監督，士紳執行，可發展下去，便是相互踢皮球。早在宣德年間，白花花的糧食活活爛在預備倉裡沒人問，便是常見的事。

到成化年間更惡劣，被官府與鄉紳富戶勾結貪占。放糧的時候以次充好摻沙子，甚至偷偷把糧食拉出去倒賣謀暴利分錢。原本撫卹民生的好倉庫，成了貪官分贓的地方，鬧得民不聊生的慘狀，史料上記錄不少。

意識到問題的明朝政府，開始重拳嚴打。正德年間更強力整頓，改成地方官員直接管。且預備倉的儲糧與地方官考核掛鉤。嘉靖年間的政令尤其嚴格：地方官三年任滿考核，只要預備倉儲量不達標，立刻送司法機關法辦。

這番嚴打的早期成果還算豐碩，好些倉庫重新補滿。可惜好景不長。預備倉的糧食來源主要有四：紙鈔收購，富戶捐獻，官田稅收，罪犯交錢。但到了明朝中後期，紙幣早已貶成廢紙，官田兼併得剩不下幾畝，明孝宗重修《大明律》後，交錢贖罪更少見，只靠民間捐獻，只是杯水車薪。

那麼問題來了，好些官員累死累活，挖空心思還是攢不下幾顆糧。平日官場裡說起預備倉，都像見了閻王。先前的民不聊生，變成了官不聊生。個別不要臉的地方官，更反過來找富戶攤派，照大臣趙麟的揭發，有些原本富裕的地主，都被逼得賣兒賣女，只求湊齊糧食換太平。

情況如此嚴峻，明王朝也只好順水推舟，倉儲考核的標準，連年一降再降。發展到萬曆年間，各地原本存儲上萬石的預備倉，最多也就存幾百石糧。好多竟都荒廢成破屋。這個曾惠澤千百萬蒼生的善政，至此名存實亡。

預備倉的衰落從經濟原因說，也和當時的發展一脈相承。萬曆年間全面推行一條鞭法，賦稅徹底改用銀錢，存糧也就不易。但從根本上來說還是大明政府太欠錢了。

但它的荒廢，後果卻十分嚴重。直接的影響，就是相關的福利政策從經濟上都斷了依靠。想要維持運轉，就要另想辦法「造血」。

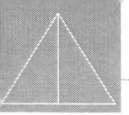

圈子‧段子之大明帝國日常生活直播
明朝式的優雅

最仗義的辦法，就是皇帝自掏腰包買單。這事自成化年間起，歷代明朝皇帝做的都不少，做得最仗義的，當屬成化皇帝朱見深。僅成化二十一年，明朝就一次性撥款二十五萬兩白銀，用以賑濟山東、陝西、河南三省災民，全是從朱見深的私人府庫「內帑」裡撥出。類似的仗義疏財，他在位二十三年做了不少。以至於罵他最多的《罪惟錄》，也承認那時老百姓的生活「幸斯小康」。

但朱見深敢這麼幹，關鍵還是有錢。當時雖說農業稅銳減，朱見深本人也長期歇班不上朝，但他極會用人，地方的商稅改革也成功，外加皇莊經營得好，於是皇帝的私人腰包就鼓。但這事的成本太過巨大，哪怕最熱情的朱見深，幹多了也撐不住。於是又發展了另一招數：賣官鬻爵。

其實這事從明初的時候，一直就不曾間斷。特別是富民捐糧給預備倉，往往能隆重表彰。到了朱見深手裡，更花樣百出：國子監監生資格，捐一百石米就換；交二百五十石米，更能換正九品散官，從正九品到正七品，相關職務明碼標價，加五十石米就升兩級。湖廣荊襄地區暴亂後的重建墾荒，就是這樣湊齊錢糧的。

自此以後，賣官換福利的法子，幾代皇帝都在用。但發展到後來，價碼卻一路下跌。連寺廟裡僧道的文牒都拿出來賣，最熱鬧的時候，有些州縣賣得和尚扎堆。到了嘉靖年間，二十石米就能通報表揚，再加點就能換七品官。朝廷太缺錢，大家多少捐點吧。

捐錢不靠譜，還是提升自家盈利能力是真。等著大明經過隆萬大改革，特別是張居正輔政的黃金十年，腰包一度重新鼓起來。辦福利的底氣，也曾經特別足。

直接的成果，就大明隆慶年間就可以看出。《五行志》裡統計，隆慶帝朱載垕在位只有六年，運氣卻極差，碰上的大小災害有十六次。但僅有兩次造成了饑歉。這比例非常不容易。朱元璋在位三十年，期間玩命地懲貪砸錢，遇到四十六次自然災害，還是有十一次鬧出饑歉。號稱盛世的仁宣之治，十七次自然災害，更鬧出了八次饑歉。效果如此好，關鍵還是有錢。

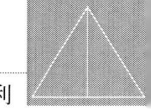

重新有錢的明朝，發福利的辦法也多樣。賑災的主要模式，也由撥糧變砸錢。撥款方式也更科學，嘉靖年間形成的固定流程，災區賑濟款主要分兩筆：先期的救濟銀和災後的重建銀。錢款的各類用途，也都有了精細的核算。拜明朝發達的商品經濟所賜，這時花錢買糧的效率，遠比費勁調糧要高。

另一種越發流行的福利，也越發運作成熟：以工代賑。這事幹得漂亮的還屬明孝宗朱祐樘。弘治年間兩次黃河大水，明王朝先後調撥二十五萬人投入救災，成功完成黃河河流改道工程，挽救了瀕臨斷流的京杭大運河，更由此穩住了災區民生，堪稱古代史以工代賑的大規模奇蹟。

而發展到萬曆年間，這事也變得豐富多樣。潘季馴治理黃河，正是以工代賑的又一成功典範。而到了萬曆中後期，一批基層能臣，更攢了豐富經驗。照著《康濟錄》的說法，每當有地方鬧災，官員就先忙著籌算，從修城到浚河築壩，能吸納勞動力的工種，全都開列一遍。不但要保證壯勞力安置，更要兼顧老弱有崗位。一切安排妥當，便火速籌款開工，以熱火朝天的工作場面，杜絕流離失所的悲慘。

萬曆年間，萬曆皇帝朱翊鈞常年歇班不上朝，京城大臣忙著掐架，自然災害更從頭到尾沒斷，但民生卻能長期穩定。基層以工代賑的模式，當屬大功一件。而總被罵做懶的萬曆皇帝，在這件事上出手也大氣。僅萬曆十九年的河南水災，災區得到的賑濟除了糧食和一千二百間新建民房外，更有五百頭耕牛和八百輛紡車。派發生產資料的覺悟，他絲毫不比朱棣低。

也正是由於明王朝從隆慶至萬曆中期，長達二十多年的強力投入，大明王朝的福利體系，一度也運轉到最高速。商品經濟的繁榮，使政府只要白銀充足，救災就高效率。而至於養濟院等福利機構建設，也同樣因為投資到位，大型養濟院一度發展到可容數千人規模。同時從隆慶年間高拱當政起，明朝再度強力反貪，養濟院的弊病也逐一革除。官吏勾結貪墨的惡行遭到嚴懲，大批冒名頂替混入養濟院的無賴騙子也被清退。這個再度以高額投入重新升級的福利機構，不僅再度生機煥發，更出現了「有令倡行，有律護佑」的盛景。

可惜好景不長，隨著萬曆皇帝親政後，大明財政稅收越發減少，福利制度的運轉，也再度跟不上。比如最拿手的以工代賑，到萬曆後期，大多只能

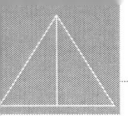

小打小鬧。連黃河三年一小修的固定工程，都大多難以維持。以《烈皇小識》的說法，河床的泥沙都長期淤積。至於曾經輝煌的養濟院，從萬曆後期起，北方好些州縣的養濟院都坍塌或難以維持，收留的孤殘只能安置別處，草草提供口糧了事。

大明政府福利減少，但對於晚明好些地方的民眾來說，這事似乎不嚴重。因為正如晚明民富國窮的情景，此時取而代之的，還有蒸蒸日上的民間福利。

民間福利，預埋明亡

正如晚明「民富國窮」的奇葩景象，當大明政府福利運轉困難時，民間福利卻嶄露頭角，甚至喧賓奪主。

首先成為黑馬的，是原本一直做預備倉補充的民間倉儲：社倉。

社倉，是中國民間百姓一種倉儲備荒的形式，雛形產生於隋代，制度由南宋朱熹首創，在明朝最早以法律形式出現，是在明英宗天順年間。嘉靖年間預備倉荒廢，可國家還需要存糧，於是從嘉靖八年起，開始全國推廣辦社倉。

社倉的組織形式是這樣：三十家組成一會，找個最有錢的做會首。然後大家按家庭條件分攤，有錢的出四鬥糧食，中等的出兩鬥，沒錢的出一鬥，就這樣湊一倉糧食，統稱「社倉」。

遇到饑荒災害，有錢人可以在社倉借糧，豐收年再還，窮苦家庭則可無償借貸。這種民間自辦的救助模式，從嘉靖年間起，彷彿脫穎而出的黑馬，一直發揮大作用。

對這民間福利，大明政府也極滿意：民間相互幫助，省了國家賑濟開支，可謂一舉多得。雖然也不斷有官員憂慮，要求朝廷更多介入監管，卻終究占不得主流。

而隨著時間的推移，這新型福利的嚴重後果，也終於日益顯露：背後操縱社倉的，是當地的宗族士紳。政府的監督越難以介入，而新生的社倉，更

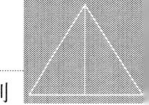

彷彿一個個線頭，黏住了地方宗族力量，從此團結抗稅甚至偷稅漏稅，也都更加從容。萬曆後期起的稅收銳減現象，這便是暗流。

更嚴重的一個後果是，社倉固然能加強地方抗災能力，但地區經濟不平衡，抗風險能力也不平衡。像江南地區經濟紅火，社倉儲備也雄厚。但放在西北窮苦地區，情況卻恰相反，好些社倉更形同虛設。平日尚且湊合，遇到大災就難過。後來晚明經濟不平衡的狀況，東南與西北民生冰火兩重天的景象，社倉的差距就是縮影。

而與社倉同時冒頭的，更有風風火火的民間慈善組織。這其中尤其出名的，就是江南同善會。

江南經濟發達，富人尤其多。明代以來的愛心模範一直不少，伴隨著同善會的出現，更成了大規模。成員裡不但有富可敵國的「土豪」，更有清名在外的學術名流，甚至還有一文不名的草根百姓。這些愛心人士的善舉，更多得不勝枚舉：日常資助貧困學生，表彰獎賞貞潔烈婦，都是家產便飯。遇到災害就施衣布藥，開舖施粥賑糧，更是司空見慣。多年堅持行善，威望蒸蒸日上。

而比起晚明腐敗的官場來，這群人的做事，卻十分透明：定期都要集會，除了宣講與募捐外，便是公佈前期帳目，每一筆錢款的用途，都有明確記錄，保證不亂花一分錢。而後還有組織者精彩的演講，號召大家要熱心行善，場面每次都很激動人心。

特別奇特的，更是這群愛心人士的准入標準。想成為其中一員，絕非有錢這樣簡單。更要經過組織嚴格審核，充分考察入會者的思想品德甚至政治立場。日常活動也很豐富，常有各類雅集，席間討論最多的，更是時政話題。

這組織的發展，更是極為迅猛。准入審核如此嚴格，人數還是高速膨脹，無錫的同善會有一百多人，嘉善同善會更有數百人。但只要看看這組織的領頭人，便知道其愛心行動，其實極不單純：無錫同善會的創始人，正是東林黨大名鼎鼎的元老高攀龍。

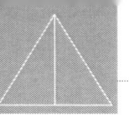

圈子・段子之大明帝國日常生活直播
明朝式的優雅

再看看同善會的關係網，更可知其實力強大到恐怖：既有陳幼學這樣的東林骨幹，更有張采這樣的地方官（太倉知州）兼復社領袖。麾下的愛心人士們，明亡清興時的命運也五花八門。特別奇葩的，比如嘉善同善會的主要人物魏學濂，崇禎年間曾寫血書表忠心，並得崇禎皇帝照顧，死於魏忠賢迫害的父兄都得以撫卹。但後來北京淪陷，崇禎帝殉難的屍骨未寒，他就迫不及待，搶著賣身投靠李自成，得封了個芝麻小官，便騎著毛驢在京城「囂張」。

同樣透過這些角色和活動，便可輕易看到這愛心組織的終極目標：黨爭。這個由東林黨骨幹創立，標榜慈善的組織，真正謀求的，卻正是黨爭的權力。所謂的愛心活動，多是收買人心的方式。明亡於黨爭的道理上，這是催化劑。

而就實際的貢獻說，在愛心活動上，東林黨下了大本錢，幾十年如一日實實在在地做事。可比起小恩小惠來，也是同樣的一群人，在事關明王朝生死存亡的財政改革問題上結黨搗亂，才最終將明王朝推向了無可挽救的困局中。而他們真正投入福利事業的錢款，相當一部分，還是江南百姓的捐獻，絕大多數，卻正是東林黨多年官商勾結挖大明牆角所得，回報給大明百姓的，也不過九牛一毛。

但一個客觀的事實，卻是晚明社會崩潰的圖景下，江南極其發達舒適的社會福利。富庶的江南地區，有常平倉的調劑運作，福利經費從來不缺，養濟院等福利機構，對比北方的殘破，當地卻是經費充足。不但錢糧優厚，熱烈歡迎孤寡殘障人士入住，就連健康的流民，也真誠接濟。不但給錢給糧，有勞動能力的還贈送土地耕牛。這些福利經費，相當多一部分，也都來自江南富戶士紳的捐獻。當然這錢不白捐，聲望捐完了就看漲，對抗朝廷的徵稅攤派，也就更加底氣足。挖大明的牆角，也就更加大膽。

而這樣舒適的江南，在晚明的苦難動盪中，除了政治人物們組團搗亂吃喝，民生經濟，從來都是關門過日子，卻極少想著為多難的王朝承擔職責。從官到民，都是清一色相同的心態：過好小日子要緊，北方大亂與我何干。朝廷沒錢憑什麼讓我交？有的是北方農民買單！

於是悲情的惡性循環，再也無法阻止。看似民富的圖景下，明王朝最大的政治隱患，其實早早種下：預備倉的廢除，使明朝喪失了糧食儲備預警的

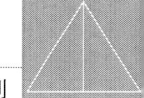

最好手段。社倉的紅火，可以穩定富庶地方，卻無力整合資源實現大規模賑濟。江南的紅火繁榮，卻與整個帝國的財政體制徹底脫節。朱元璋精心設計的福利制度到萬曆後期就已近乎塌陷。伴隨著西北民變的爆發，大明王朝，更彷彿失重一般悲情地碎裂。

等到明亡清興的大局塵埃落定，伴隨著清王朝在「永不加賦」的承諾下，近乎殘暴苛刻的徵稅手段，外加從入關開始，東南近四十年遷界禁海的悲情血淚，老一輩的遺民們，總算開始想到明朝的好。即使在嚴苛的文字獄下，依然有很多人，用詩歌或文集的方式，寫下對昔日明朝富庶繁榮的懷念。即使是被文臣史官，狂噴得唾沫星子橫飛的萬曆、天啟，他們留在明末清初老一輩百姓心中的，依然是個行政寬容，經濟富庶安定的世界。以順治年間老學者陸應暘的話說，便是「至今父老說到那時節，好不感嘆思慕」。

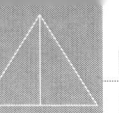

圈子・段子之大明帝國日常生活直播

國難中的大明精英

國難中的大明精英

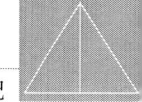

▍和平年代剛正清流現形記

傳說中很美的復社

在淒風苦雨的晚明崇禎末世裡,如果想在群魔亂舞的上流社會,找出個代表光明正義的團體組織來,那麼後世津津樂道極多的,正是江南復社。

復社,最初是江南名士張溥和張采,於崇禎二年在吳江成立的文社。自那以後,那個標榜文學的社團,就似平地裡一聲春雷,影響力達到驚天動地。平日裡相輕的各路社團,心甘情願擠破頭皮來合併,還有大批精英名流,削尖了腦袋也要在裡面謀個席位。到三年以後的虎丘大會上,與會者就有了數千人規模。以明朝學者陸世儀的記錄,當時的各路來賓,來自從山東到南方的各省份,乘坐的各式華貴大船,幾乎把姑蘇的河道堵滿。會議現場更一片人山人海,連大雄寶殿都坐不下,有空隙的地方,全叫這群服裝華麗的精英人物們擠得滿噹噹。大明士大夫階層裡平日藏臥的龍與虎,幾乎全在這場合湊齊。

而如此震撼的場面,卻只是這個社團輝煌的起點。之後的整個崇禎年間,這個社團的規模與影響,似一支瘋狂上漲的「股票」,不斷突破歷史新高。以《復社姓氏錄》的記載,社團裡有名望的士大夫人數,就有兩千零二十五人,算上死忠的「粉絲」,總數更有數萬人。以至於社團名流吳應箕家的後人,在清代撰寫回憶錄的時候也自豪地說:三百年裡,從沒有一家社團像我們這樣。

而且更讓後世無數文學社團汗顏的是,這復社不單有數量,更講質量。其成員群英薈萃,學術業績更燦爛輝煌。以其名字說,「復社」顧名思義,就是興復古學,也就是鑽研八股學問。這研究他們做得相當好,崇禎年間湧現出登榜進士若干,前幾名的更有好幾位。而且還很講全面發展,詩詞歌賦樣樣都強,傑出的「四公子」,文學成就領一代新風,張岱等人的小品文,

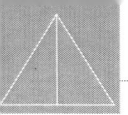

圈子・段子之大明帝國日常生活直播
國難中的大明精英

影響更十分深遠。科學業績竟也拔尖，其成員與西方傳教士關係要好，熱情高漲地翻譯外國著作，還有再創造總結髮明。典型人物方以智，代表著作《物理小識》，雖被清代人「選擇性失明」，卻漂洋過海，尤其在鄰國日本極受崇拜，今天還有粉絲無數。

這般如數家珍的業績，也令復社的名聲高漲，幾乎成了崇禎年代黑暗歲月裡的最後一抹亮色。就連其中幾位才子人物的愛情，都與著名的秦淮八艷，碰撞出無數香艷的交集，還被寫進了《桃花扇》等名戲，一代代流傳不已。

從兩個文人的結社，短短幾年就發展到如此宏大規模，復社的崛起堪稱晚明文壇最勵志的「創業奇蹟」。後世的諸多文人雅士也一致認定：這個組織的傑出精英們，以勇於挑戰黑暗的勇氣與光輝崇高的理想，迅速召喚起大明王朝民間正義的力量。儘管未能挽救大明的衰亡，卻以高貴的精神品質光耀千秋，更締造了大明文化的最後絕唱。

但若透過輝煌仔細觀瞧，卻不難得出另一個觸目驚心的真相：美得激動人心的復社，卻是大明病老軀體上一塊觸目驚心的瘡，看似艷若桃李，實則流毒聚集。他們在歷史風口浪尖上的挺身而出，卻恰是大明滅亡的加速器。

戳開畫皮的復社

復社的真面目，瞧瞧這「創業奇蹟」就知道。

為什麼自從這個社團誕生第一天起，各路的名流學子，就像著了魔般崇拜，不惜千山萬水地跑來加入，更有諸多老牌文社，狠心砸碎自家招牌哭喊求兼併。那些普通成員們，更熱情澎湃到瘋狂，各種集會活動裡人頭攢動，組織者振臂一呼，立刻就是山呼海嘯般陣仗。哪怕最臭名昭著的惡性傳銷，跟這一比簡直「弱爆」。

照著復社精英後人們的說法，如此熱火朝天，正因偉大理想的感召。但仔細看看，他們的理想，偉大得好似一張畫得逼真的大餅，大餅上面看似擺滿了美味佳餚，可那些實打實的真利益，才是注入狂熱的興奮劑。

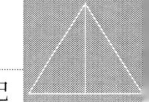

首先是復社那傳說中很熱血的「創業」理想，以創始人張溥親自標榜的話來說：興復古學，將使異日者務為有用。也就是弘揚傳統文化，提高學子們的實際能力，讓他們將來為官可以大展宏圖。這重量級的金字招牌十分堂皇閃耀。

但真正充滿誘惑的，卻是這理想背後的潛臺詞：加入我們組織，保你金榜題名，管你官運亨通。

這話復社雖沒明說，卻極具實際效果：凡是加入了這團體的，從名門子弟到「窮草根」，不出幾年就金榜題名，大搖大擺光宗耀祖。現身說法的效應，一直十分轟動。

更抓住莘莘學子心頭癢處，是這團體裡豐富多彩的生活：說是研究學問，組織學習，其實卻每天吃喝玩樂，雅集詩會不斷，且全有豪氣金主大把買單。有時候還跨省出遊，一路風光招搖，走一路白吃白喝一路。雖然在晚明士林界，玩樂並不稀奇，但玩出復社這檔次的，卻是特別吸引眼球。不但吃喝玩樂樣樣講究精美，喝茶、品酒、跳舞全昇華成「高大上」學問，個別品味獨特的，連孌童、「斷背」都能玩出文藝範。至於遊走青樓，萬花叢中享受人生，更是家常便飯。而且就這麼輕輕鬆鬆耍樂，到點即能輕鬆登榜，比起好些人寒窗多年一場空，真個叫隨隨便便成功。如此重量級招生效應，自然引得學子趨之若鶩。

等著真加入進來，更知道這入社的好處，絕對富貴逼人：復社不但有檔次規格，更有強硬背景。比如創始人張溥，那是晚明有名的士林領袖，隨便在官方場合招搖一下，立刻有官員恭恭敬敬上來認老師。撐起社團的骨幹們，更叫名流雲集，既有江南當地的各類世家大族，更不乏聲名顯赫的名臣子弟。比如隆慶年間名臣徐階的孫子徐孚遠，就是其中骨幹。更有好些東林大佬的子弟，比如侯方域和方以智，就是根正苗紅的東林二代。這樣一批核心人物，要錢有人爭著給砸，要人脈隨手一抓一把，要根基更扎得牢靠。所有成功條件全占盡，辦復社想不成功都難。成了他們羽翼下的一份子，未來宦海生涯，橫著走都沒人擋。

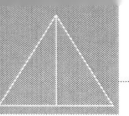

圈子‧段子之大明帝國日常生活直播
國難中的大明精英

而且復社這棵大樹，不但根基牢靠，還喜歡開枝散葉。雖然成員裡的寒門子弟，大多入不了核心組織，但只要你老實聽話，科舉自然有人關照，還能免費幫你出書，幫你考試的時候「刷」夠聲望。升官發財的每一步，攀攀關係就能找人給你關照。就連慈善活動，他們也辦得熱鬧。經常拉來「金主」募捐，專業收買人心好多年。只要跟這團體沾點邊，單行善積德的功勞，就管保名聲刷刷漲。

總的說來，讀書人入了復社，那就學習有人教，考試有人保，聲望有人捧，用錢有人送。外加觥籌交錯宴會不斷，名利場上五彩繽紛，喝酒混事都保證漲名望，輕輕鬆鬆就落個風流名士雅號。如此組織，堪稱天下讀書人的幸福樂園。

但也正應了一句老話：天下沒有白吃的午餐。復社這樣強大的投入，目標也只有一件事：收炮灰。

因為復社的主營業務，既不是文學更不是宗教，卻是實打實的政治。誠如其出名的雅號「小東林」，要的就是政治戰鬥力。

但真正的問題也就在這，這群出身豪門富貴，心比天高的青年士子們，看世界總覺得輕鬆，滿以為天下盡在自己手。看那個正在艱難困苦中奮鬥的大明王朝，更像是洪水猛獸。在這群高貴憤怒的青年眼裡，皇帝就是是非不分的昏君，掌權的大臣全是庸碌不堪的廢物。想要振興大明，就要聽我們招呼。

這群青年精英們最懷念的歲月，自然是天啟皇帝剛登基時，老前輩東林黨們把持朝廷的日子，也就是史書上津津樂道的「眾正盈朝」。雖然關於這段記憶，天啟皇帝自家詔書裡很委屈地抱怨，說一群道德君子什麼正事不幹，國家朝政都水深火熱了，還只知道自己互掐。但在張溥、張彩、侯方域、方以智、冒襄之流眼中，那就是值得自己用生命去奮鬥的光輝歲月。所以哪怕老東林被滅，這些東林二代與「土豪」二代們，仍然一拍即合，從此以改變世界、改變未來的自信，組成這個新團體，並為此不計血本地奉獻。

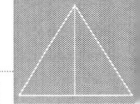

後世學者一直在爭論，說這復社的政治宗旨到底是什麼，因為就其核心人物們的表現來看，各種言論都五花八門，而且好多還自相矛盾，根本就沒什麼統一主張。其實他們的追求始終沒變，就是同氣連枝，攫取權力。

所以所謂的科舉研究，其實就是官場盤根錯節的黑箱操作；所謂的雅集詩會，就是拉小團體的手段；而所謂的千人大會，就更是聲勢陣仗，專注為造勢長聲望。一群精英吃著、玩著、鬧著、嫖著，屁股對著的，始終是政治的方向。

而在這整個過程裡，他們從頭到尾始終在幹的，也只有一件事：罵祖國，也就是罵大明王朝。

具體說來，就是自從有了復社後，大明王朝做點什麼事，就全入不了他們的法眼。不但私下罵，更要抓住一切公開場合，偉大光明正確地罵，比如詩會雅集，本來是做樂的場所，就變成了大明王朝的批判會。各類名流人物花樣百出，縱酒嫖娼寫詩唱詞，五花八門地編排大明的不是，衍生出一批名家經典。所謂「復社四公子」的名號，就是這麼罵出來的。正義滿滿的面孔，卻是巧妙地搏出位「炒作」。

而到了各類集會上，他們更是精神抖擻，那就不再是文雅地罵，而是精神抖擻地罵，最主要的活動，就是「社集」，也就是全體成員的大型集會。這時候就彰顯出人數多的優勢來，有「金主」給砸錢，擺開盛大豪華的陣仗，然後邀請名號響亮的精英，外加好幾千普通會員到場捧場，精英在上面賣命罵，熱心觀眾齊心協力鼓掌捧場。從崇禎二年到南明初年，一共二十三次社集，每次都鬧得天下震動。這高超的運作水平，放到現在，足可輕鬆導演奧運會開幕式。

其實在政治風氣寬鬆的明朝中後期，這樣的政治團體，原本也不稀奇。罵朝廷的方式，也很沒新意。但復社卻有兩條，遠遠超過前輩。第一就是嚴密的組織，從創辦第一天起，就有了詳細的家規。凡是入了社的，既不能亂說話，更不能目無尊長，一切行動聽指揮，復社要幹什麼就要一起行動。犯錯了不但有懲罰，還有規模化管理，每個地區都有負責人，誰犯了錯就要連負責人一起罰。

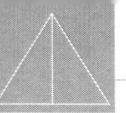

圈子・段子之大明帝國日常生活直播
國難中的大明精英

而就內部關係說，復社的成員關係，更魚龍混雜，既有名門子弟，更有寒門子弟，前者基本是領導，後者基本是小卒。而且相互之間的關係，還有父子、師生等各種情況。當然這師徒關係是其中最緊密的，最早收的還是真實的師徒，後來陸續收進的，基本都只有個師徒的名分。以同時期文學家歸莊的說法，後來復社新收的徒弟，求的就是一個師徒名分，以拿出去撐門面炫耀。至於說到學問，真個是一問三不知。

發展到後來，更嚴重的情況，連《復社紀略》裡都認帳：阿貓阿狗，只要能給夠「贊助」，裝夠「孫子」，就能順利加入。有了復社的招牌，更能在地方上胡作非為，搶男霸女的惡心事做了不少。還有些地方的人，更藉著復社的關係網大搞腐敗，尤其是每到科舉的時候，打著給復社擴大影響的旗號，其實卻暗地裡黑箱操作謀私利。所謂「嗜名躁進，逐臭慕膻之徒，亦多躓於其中矣」。

對這惡劣情況，創始人張溥等人，其實也心知肚明。但他想要的，就是這個效果。

說起這位創始人，才是復社最有別於前代社團的最大「奇葩」。以教科書裡的話說，這人是明代文學家，崇禎年間進士，有過一些文學主張，還有好些著述流傳。但在當時，他比文學家更出名的稱號，就是社會活動家。

張溥的活動能量，不是一般的強。此人本身就出身於大族，但因為是偏房生的，從小並不討喜，卻也因此練出了「接地氣」的本事，小時候就會來事，長大了更會折騰。二十多歲的時候，就在蘇州先辦了應社，這社團鬧得最大的動靜，就是天啟年間聚眾攔截了押送東林名臣周順昌的廠衛隊伍，釀造了舉國震驚的「五人墓事件」，把凶橫無比的大太監魏忠賢，都嚇得在深宮裡直哆嗦。

這事之後，張溥從此名震天下。他也趁熱打鐵，崇禎元年選貢入京師太學，打著讀書的幌子，玩命地上下活動。以陸世儀的說法，天天和京城名流飲宴不斷，其繁忙程度，幾乎到了「騷壇文酒，笙筐車騎，日不暇給」的地步。大明內憂外患的艱難歲月裡，這群志在救國的精英們，就在幹這驕奢淫逸的事。

和平年代剛正清流現形記

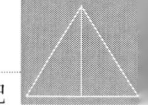

當然張溥厚著臉皮幹這事，享受還是其次，拉關係才是重點。先成立了燕臺十子社，和京城的各路名流都搭上線，然後如當時大明的政治生態，京城一介名流，背後就是地方一介「土豪」。如此一來，嚴密的關係網立刻羅織。以張溥門生吳偉業的表述：張溥辦這事的原因，就是看到了閹黨當道，清流被打壓，因此要振臂一呼，興復傳統文化。可意會的深意，正是爭權。

在這樣的苦心經營下，身為復社領袖的張溥本人，其聲威也如日中天。就連他的好徒弟吳偉業中榜後刊刻試捲出版，竟把其他老師全劃掉，書頁上只印張溥一人：老師，這輩子學生跟定你了。而吳偉業的其他老師，對此也只能默默忍受，什麼話也不敢說。

此人的社會影響力，也隨著復社的壯大水漲船高。雖然只是個崇禎年間才中榜的進士，但一幹老前輩都對他恭恭敬敬的，崇禎十七年間好些排名前列的科舉幸運兒，更都來自他的暗箱操作。就連他的嫡母去世，前來弔唁的各界名流，就有數千人之多。實打實「大腕」的葬禮。

這樣一個「大腕」創辦，實力強盛的團體，罵起大明王朝不但積極，且殺傷力驚人。而與前代社團最大的區別也正在這：他們絕不是放空拳。

復社的終極目標，還是政治。各色的表演，最終還是為了抓權。所以多年以來，除了一步步在朝堂上滲透親信，就是在黨爭中不斷地蹚渾水。其中最典型的事件，就是大戰首輔溫體仁。

自從崇禎登基後，在經過了早期折騰後，選定了溫體仁作為首輔。這位溫體仁，被後世史書普遍劃為奸臣。因為他雖然幹活勤奮，而且為官清廉，但此人陰沉奸詐，整人手段花樣百出，不但坑了政敵錢謙益，更在坑走錢謙益後，順便又把昔日盟友周延儒坑掉，坐穩了首輔的寶座。

在這件事上，強大的復社好似聞了血腥味的群狼一般，先是首領張溥辭職回家，但其實以退為進，接著就是大規模的虎丘大會召開，數千會員雲集，義正詞嚴聲討溫體仁。然後各路有復社背景的官員，特別是在言路管道占有份量的言官們，立刻抖擻精神，放大鏡似的找錯，專門給溫體仁搞蛋。

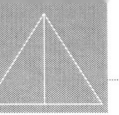

圈子・段子之大明帝國日常生活直播

國難中的大明精英

於是「奇葩」的場景上演了，崇禎皇帝驚奇地發現，大明王朝內憂外患，外面後金一個勁的鬧，內部農民起義使勁地打，可是廣大號稱愛國的青年精英才俊們，拿不出建設性意見倒也罷了，罵人反而精神抖擻。朝廷遇到什麼困難事，哪怕前方十萬火急，幾十萬軍民生死一線，這群人統統不管，只是在喋喋不休地死咬：這是某某某的責任，有著某某某的背景和某後臺⋯⋯

倘這些人恩怨分明倒也罷了，可具體到工作上，好些實際責任，卻往往「選擇性失明」。比如前線作戰的武將，和這群人沒關係的，就往死裡罵，而和這群人關係密切的，就天花亂墜地找理由保。比如晚明軍閥左良玉，打仗不是愛落跑，就是愛撿便宜，專注看熱鬧、坑領導、「放水」農民軍好多年。可就因為是東林大佬侯恂選定的人才，復社骨幹侯方域又是侯大佬的親兒，因此每次左軍閥一犯錯，立刻有官員積極開脫，拚命力保的後果，就是把這晚明長腿將軍保成了清朝入關後的漢奸。

這群人的搗亂行為，晚明忠心耿耿的頂樑柱盧象升，也十分憤憤不平：那些罵人的既不懂軍事，更不知前線軍情，而且從來不顧前線軍民的生死辛勞，只是憑著自己的妄自猜度，就胡亂地推測謾罵，最後延誤的，還是國家大事。

而憤憤不平的盧象升，最後在抗擊清軍南下的戰鬥中，明明被崇禎寵臣楊嗣昌抽走了精銳，只剩下老弱殘兵，堅定的身軀面對壓境清軍，背後竟也被言官們以各種罪名謾罵，幾個罵街的主力，更全有復社背景。盧象升慨然出戰，在鉅鹿血戰中以弱敵強，壯烈殉國。噩耗還沒有傳來，某些說他投敵叛國的罵人奏摺卻已傳得滿天飛⋯⋯

對這群人的戰鬥力，無論是崇禎皇帝還是權臣溫體仁，都特別地頭疼。行事急躁的崇禎，卻沒有觸眾怒的膽子，因此基本還是容忍。溫體仁卻手段夠硬朗，多次羅織罪名，整治復社，尤其是拿捏住了其中多位骨幹的黑材料。打擊最狠的時候，跑回家躲的領袖張溥，成天擔驚受怕，甚至到了「一日數驚」的地步。

但功夫不負有心人，在復社的積極參與運作下，溫體仁終於失寵下課。這個復社最恐懼的人物的離職好似搬開了大石頭。而後經過東林大佬錢謙益

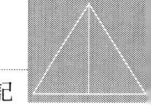

與復社大佬張溥的虎丘密會，成功操作了前首輔周延儒的復出。隨後復社又在南京大搞集會活動，揭批前閹黨大員阮大鋮的罪惡，成功阻止了這位對頭東山再起。而後復出的周延儒更夠意思，在崇禎面前賣力說復社的好話，解除了溫體仁當政時代對復社的諸多打壓。這群滿滿理想的青年才俊，似乎真見了天日。

但從此開始，一直到明朝滅亡，復社進入了其最囂張自由的時代。各地的集會講學活動不斷，聲威更是熏天。但對國家大事實際的建樹，卻是一件沒有。

要說這群人只是擺姿態不辦事，卻也不完全對。至少有一件事，他們從頭到尾都在辦：抗稅。朝廷要抗清，要平定農民軍，所需的白銀軍費，但凡朝廷打算讓江南地區買單，立刻招來復社的強硬反抗，相關官員的奏摺，激烈得能把主事官員淹死。然後復社的千人活動，更是慷慨激昂批判。

這事幹得積極，想想也容易理解：復社的經費來源，主要來自江南大族。收了人家的錢，就要幫人家辦事。復社在這條上，還是很講誠信。哪怕後來明朝滅亡了，清軍打下了江南，一些復社的頭面人物也主動找清軍請願，請求減免明朝時期的江南賦稅。可以說是講誠信到底。

當然，如果朝廷要加農業稅，那就另當別論。基本上各路頭面人物，都是「選擇性失明」。反正不是加我身上，操個什麼心。於是被復社精英允許加農業稅的大明王朝，終於給「加」亡了。

現形的精英

隨著復社的滅亡，昔日的風雲人物們，命運也再度分化，如陳子龍、夏完淳、冒襄、方以智這樣的義士們，鐵骨錚錚抗清到底，或不屈戰死，或歸田隱居，終生不仕清廷。其高潔品質，至今為後人追憶。

但說到實際的辦事水平，還是有必要說說。那些毀家紓難，投身抗清事業的精英們，真等著上了戰場，才懂打仗是怎麼回事。可惜這群人積極性極高，打仗水平卻極差。就像張永祺在《偶然遂記》裡所說：置身事外的事後，

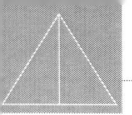

圈子・段子之大明帝國日常生活直播
國難中的大明精英

總痛恨兵丁騷擾,真正加入了軍隊,才體會到戰爭的殘酷。幾乎可以讓人失聲痛哭。

但可敬佩的是,雖然艱難困苦,這些人卻大多沒有投降,頑強抗爭到最後,不是壯烈不屈殉國,就是隱居山林苦等。前半輩子罵夠了大明,後半輩子一直在為復興大明而奮鬥。

而諸如顧炎武、方以智這些人物,抗清失敗後堅守氣節,醉心於學術研究。無論自然科學還是人文科學,都做出了不朽成就。也再度證明了學術研究,才是他們有前途的事業,前半輩子參與政治,基本是走偏了。

而比起這些「業界良心」來,復社中的另一類人表現卻十分不堪。早在李自成攻陷北京時,崇禎皇帝壯烈自盡。李自成為炫耀武力,把崇禎的屍首拉出來給明朝大臣展覽,大多臣子即使不敢弔唁,也都暗自垂淚。然而其中的復社骨幹周鐘,卻演出了人生中最無恥的一幕。此人早年喜歡罵人,從盧象升到孫傳庭等名臣,沒有不被他罵過的,公共場合也經常大喊忠孝,如此有名的愛國青年,這次大搖大擺地從崇禎的屍體上走過,十分地囂張傲慢。這跳出來的「不屑哥」立刻討得李自成歡心,受命起草了李自成的登基詔書。

如果說「草根」出身的周鐘這麼做只是眼界低,那麼身兼東林二代與復社骨幹雙重身份的魏學濂,表現就更令人大跌眼鏡。他父親東林黨人魏大忠,由崇禎帝親自主持平反,他本人也得中進士,成為崇禎十六年的庶吉士。如此深厚國恩,換來的卻是他主動賣身投靠李自成,而且被李自成封了個小官,就得意洋洋地騎驢「囂張」,成了京城一景。

這樣的毫無廉恥,只是復社某些精英的縮影。堪稱復社重量級人物的陳名夏,卻演繹出最節操盡碎的人生。此人身為常州豪門,當過給事中,罵過很多人,更不惜血本給復社捐過很多錢。而後南明滅亡,立刻向清朝賣身投靠。由於很會表演且有背景,也被清政府大力提拔,一度官至吏部尚書。

而這人做的最有影響力的事件,就是曾勸清朝攝政王多爾袞廢掉順治帝,自己當皇帝,反而被多爾袞劈頭蓋臉一頓訓。但他真正招禍,卻是大權在手後,為了穩定自家政績,竟然聯合江南地主,像在明朝時那樣,鬧起聲勢浩

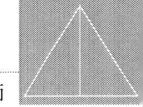

大的抗稅運動。但嚴刑峻法的大清，豈是明朝那麼寬容好說話？結果被清朝大臣羅織罪名，順治十一年以謀反罪處死。也成了清朝早期收羅的漢奸中，十分失敗的一位。

而在晚明復社時代，一直十分活躍的文學家張岱，入清之後避居山野，這位明末生活驕奢淫逸的風流才子，晚年在孤苦伶仃的生活中，寫下大量回顧明代復社生活的文章。相關的文集，也被命名為《懺悔錄》，一聲懺悔，怕是那些曾經熱血的青年們，晚年最深刻的體會。

一個陰差陽錯改寫了日本歷史的明朝大師

隨著崇禎十七年北京淪陷，崇禎皇帝殉難，清軍入關，大明王朝二百七十六年的歷史，也就正式劃上句號。

但對這件事，南明是不答應的。大批仁人志士投身其中，毀家紓難抗戰到底。但鐵骨錚錚的抗爭，也難挽大廈於將傾。隨著永曆十二年，南明皇帝朱由榔敗退緬甸，延平郡王鄭成功逆襲南京功敗垂成，中國全境已盡數落入清王朝手中。抗清復明的大業，已悲情落幕。

而鄭成功麾下的一位幕僚，也長嘆一聲，踏上離鄉背井的路途。他以後的足跡，在魯迅筆下《藤野先生》裡有輕描淡寫的一句：「其次卻只記得水戶了，這是明的遺民朱舜水先生客死的地方。」這篇一代人中學生涯必學的課文裡，名叫朱舜水的遊子，只是個不起眼的存在。

然而對他輕描淡寫的魯迅，乃至那年月狂熱崇拜日本，組團跑去學習的進步青年們，卻很少有人想到：正是這位朱舜水，把晚明的思想文化，在這個貧瘠的東洋小島上開花結果，成了近代日本崛起的先聲。

朱舜水者，便是號稱明末清初五大學者的思想家——舜水先生朱之瑜。

國難中的大明精英

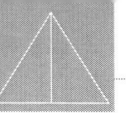

朱之瑜何許人

　　明朝萬曆年間，是中國古代史上的一段自由時代，名流出得多，但敗類也多。有些人正氣凜然出了名，可大難臨頭後變節比翻書快，後來叛變投敵的錢謙益，便是典型代表。

　　還有一類人，道德品質堪稱君子，可水平卻不「接地氣」，好心辦出的壞事一籮筐，直到把明王朝辦完。著名的東林黨裡，這類人更不少。

　　而朱之瑜卻是第三類，既有風骨品質，更有接地氣的本事。這類稀罕人物，以清末學問家梁啟超的觀點，滿打滿算只有五人，即「晚明五大思想家」。朱之瑜，便是其中之一。

　　朱之瑜家是餘姚名門，祖父朱孔孟多次謝絕朝廷徵召，父親朱正多次謝絕不過，才當了漕運總督。世代相傳的一個信條，便是道不同不相為謀。

　　清高的直接後果，便是朱之瑜艱難的童年。父親英年早逝，母親帶著三個孩子貧寒度日。小朱之瑜也早當家，小小年紀就養家餬口，不但幹種田屠宰之類的農活，連城裡的幫傭雜役也曾做過。學業也沒忘記，一面打工一面自學，學業日益精進。

　　到朱之瑜二十五歲那年，哥哥朱啟明考取武進士，從此家境不但大好，在兄長關照下朱之瑜求學也得到新機會，先後拜了三位名流為師：朱永佑、張肯堂、吳鐘巒。

　　這三個人有多厲害。朱永佑，崇禎年間的吏部侍郎；張肯堂，崇禎年間的福建巡撫；最厲害的是吳鐘巒，雖說官職不高，但教育成果顯赫，好多朝野名流，都曾是他的學生。

　　這三位老師先後傳授給朱之瑜的，除了傳統儒家學問外，還有明末一門新興學科：實學。

　　實學，源起於宋代的「事功學派」，強調經世致用。隆慶、萬曆年間的傑出政治家高拱和張居正，都是實學的忠實信徒。

一個陰差陽錯改寫了日本歷史的明朝大師

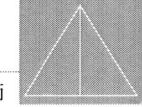

這就好比武俠小說裡，一個天賦秉異的苦小子，機緣巧合遇到了江湖頂級高手，獲傳獨門武功秘笈。朱之瑜的實學本事，也順利層層升級，很快聲名鵲起，成了知名俊才。

而對他影響最大的老師，便是吳鐘巒。此人多才多藝，從財政稅收到種田砍柴，樣樣本事都盡數傳授。除了這些獨家絕技，他教朱之瑜最多的，就是堅定的信念。經常用各種方法，磨練考驗朱之瑜的意志，反覆灌輸給朱之瑜的，便是一個強大的信仰：不能忠孝，雖有經世之才，何益哉。

正是這個強大信仰，支撐了朱之瑜一生的選擇。

在幾位名師的悉心教育下，朱之瑜的能力突飛猛進，照當時蘇松學政亓煒的話說，就是「文武全才第一」。而真正見證朱之瑜這時期實力的，就是他已修煉得如火眼金睛的判斷力。朝廷的「橄欖枝」拋來，邀他入朝做官。但朱之瑜的回答卻是冷冷兩字──不去。

因為他早看透了那位正玩命勵精圖治的崇禎帝。照著他跟妻子的對話，我要是出來做官，肯定會官運亨通，然後就會建言國事。說的話皇帝肯定不會聽，輕了就會將我問罪，遇到禍事還會拿我頂罪。

對比明末好些名臣的遭遇，朱之瑜的預言，確實準得離譜。看懂這一切的朱之瑜，從崇禎年間起，先後十六次拒絕朝廷的邀請，一邊把大明風景看透，一邊在休閒的日子裡細水長流。

而比起先祖的清貧來，一身實學本事的朱之瑜，卻把閒居的生活，都打理得豐富多彩：除了種田劈柴，就是外出講學。捎帶還常做點小生意，動動腦子就賺不少錢，從江南到日本、越南，都交了不少三教九流的朋友。小日子過得十分滋潤。

但生活滋潤的朱之瑜，最後還是把明朝惹毛了。南明弘光政權成立後，權臣馬士英也盛情邀請他，朱之瑜依舊淡然拒絕，誰知卻惹惱了小心眼的馬士英，打算羅織罪名把他逮捕。但朱之瑜人脈太熟，更狡兔三窟，早早就收到消息，立刻腳底抹油，躲進了舟山群島。

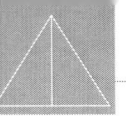

圈子・段子之大明帝國日常生活直播

國難中的大明精英

本來他以為，這不過是暫避風頭。但萬萬沒想到，他剛跑了沒一個月，清軍就大舉南下，南明弘光政權迅速滅亡。南明弘光皇帝朱由崧被俘，曾想整治朱之瑜的權臣馬士英，帶兵堅持在太湖流域打游擊，最終被俘英勇就義。朱之瑜的家鄉，也淪入了清軍的鐵蹄下，只有舟山群島靠著地理優勢，暫時未被戰火波及。那個曾經溫暖的家，再也回不去了。

挺身赴國難

朱之瑜有家難歸的時候，南明王朝，也到了生死存亡的關口。

舟山群島上，集結了大批敗退來的軍隊與官員，魯王朱以海也很快到了，就任為「監國」，這是南明抗清的又一個堡壘。

初到舟山的朱之瑜，一邊打理他在舟山的生意，一邊打聽外面的風聲。而隨著魯王政權的建立，一直悠閒的朱之瑜，卻突然做出了一個出人意料的決定：投身抗清，全力救國。他做出這個抉擇，一個原因，就是三位授業恩師，張肯堂、吳鐘巒、朱永佑都投身在魯王身邊。但更重要的原因是，這個一直悠閒的俊才，心中其實一直埋藏著沸騰的熱血。國難面前，終於喚醒。

熱血沸騰的朱之瑜，從此正式成為南明的謀士。一邊賣力幹活，一邊拒絕南明的官位，以一個平民百姓的身份，拋棄舒適的生活，為抗清復明，甘願歷經艱難。

而他幹的最重要的事就是為魯王政權籌錢。不但把自己多年積攢的家產都捐出來，更乘風踏浪，遠赴海外籌款。從此開始，朱之瑜便踏上了一條艱難的道路，多次往返在海洋上，從朝鮮、日本到東南亞。期間也曾作為魯王的特使，聯絡各地抗清力量。十幾年的人生，基本都在海上動盪。

期間生命危險更遇到好幾次。一次半路遇到清軍戰船，一干人等慘遭俘虜，清兵鋼刀架在脖子上，逼朱之瑜投降，結果朱之瑜面不改色，反而談笑風生，甚至給面前的清兵講忠孝之道。這一番風采，就連敵人也大為嘆服。清軍主將劉文高敬佩不已，當場將朱之瑜釋放。

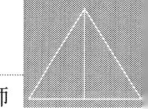

而比起這些淡定的表現外，便是朱之瑜優良的工作成果。他先後把多支零散的抗清力量，團結在南明政權旗下，更為海外籌款，找到了一個重要落腳點：安南會安。

會安，即今天越南會安市，明末的時候，這裡是華商雲集之地。透過艱難的奔走，朱之瑜多次成功籌措餉銀，源源不斷送回國內。同時也以會安為基地，發展抗清力量。這個小小的港口，一度成為海外明朝遺民的大本營。朱之瑜在這裡的十二年，工作十分成功。

但沉重的打擊，卻接踵而至。先是永曆五年，清軍悍然發動了對舟山群島的大規模進攻。魯王政權兵敗如山倒，朱之瑜的三位授業恩師：張肯堂、吳鐘巒、朱永佑都先後死節殉難。聞聽噩耗的朱之瑜悲憤不已，從此不再過中秋節，以示對老師故友的紀念。

而在經過五年近乎絕望的等待後，朱之瑜終於等來了一封遲到三年的書信：這是舟山群島淪陷後，魯王給他的信。信中告訴他，魯王一行已寄身於永曆政權大將鄭成功處，讀到這裡的朱之瑜，彷彿看到雲開月明，以他自己文集裡的話說，當時喜得淚流滿面。

但繼續讀下去，便是巨大的委屈填滿心頭：對孤守海外的朱之瑜，魯王破口大罵，說朱之瑜只顧自己過小日子。這無理的指責，令這位歷經苦難的忠臣，再也無法忍耐，當場揮毫潑墨，為魯王寫下一封披肝瀝膽的回信——上監國魯王謝恩疏。

在這封書信中，朱之瑜敘述了自己海外十二年的生活，更寫盡了自己拳拳之心。為此把自己一直恪守的規矩也破了：接受了永曆王朝的官職，正式成為明朝官員。不為榮華富貴，只為向所有人證明：從此之後，我的命運便與大明緊緊捆綁。

得到消息的朱之瑜，便準備動身回國。萬沒想到，意外又發生了。安南國王阮福瀕打起小聰明，想收攬朱之瑜為自己所用。

他一小聰明，朱之瑜的禍事就到了，先把朱之瑜強行帶入安南官府，而且每天都去殺朱之瑜的鄰居。誰知朱之瑜不就範。阮福瀕又來軟的，說你只

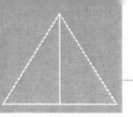

圈子・段子之大明帝國日常生活直播
國難中的大明精英

要做官，就給你造豪華府邸，把你妻妾全接來。朱之瑜朗聲大笑：我離開家鄉十三年了，哪有什麼小妾。阮福瀕最後又試探了下，派大臣寫了一個「確」字，這下朱之瑜更豪情大發，揮筆寫下一幅《堅確賦》，表達了自己擯棄榮華富貴的信念。阮福瀕終於服了：你真是高人，走吧。

五十多天的囚徒遭遇，史稱「供役之難」。朱之瑜以其高貴的品質，令兇殘的敵人心悅誠服。期間的朱之瑜每天都堅持寫日記，取名為《安南供役記事》。梁啟超說：這好比一場突然的颶風，卻折射了朱之瑜至誠愛國的高尚人格。

永曆十二年秋，歷經坎坷的朱之瑜，成為鄭成功軍中一位文士。他奔走十多年的抗清大業，這時已呈現出最燦爛的曙光：鄭成功以麾下十餘萬大軍，發動了對清朝東南地區的大規模討伐。目標是攻克南京，光復大明東南半壁。

作戰計劃啟動，朱之瑜熱情高漲，他再度出使日本，尋求日本幕府的支持。雖然碰了一鼻子灰，卻有個小插曲：日本學者安東守約，主動給朱之瑜寫信，恭恭敬敬求教各類學問。閱信的朱之瑜欣喜不已，立刻欣然回信，收下了這位日本學生。或許連他自己都沒想到，這件不起眼的小事，竟深深影響了後半生。

但他的老本行抗清大業，很快急劇逆轉。眼光一向準的朱之瑜，再次發現鄭成功不靠譜。以朱之瑜的評價，雖然他英勇過人，但他有兩大毛病，一是剛愎自用，二是優柔寡斷。於是戰局迅速惡化，七月份清軍反撲，鄭成功兵敗如山倒。損失慘重後敗退廈門，而後永曆政權失陷，鄭成功困守廈門，抗清的大業，在劃過這抹最燦爛光輝後，終於還是無情地熄滅了。

看得通透的朱之瑜，也終於心灰意冷。永曆十四年春，六十一歲的朱之瑜，做出了一個新的人生抉擇：再度漂泊海外，不仕清朝。

而漂泊的目的地，就是之前他已經去過六次的日本。

由於多次造訪日本，雖然沒辦成事，但朱之瑜的名號，在日本早就傳開。這次抵達日本後，不但受到熱情接待，還破了日本的老規矩：德川幕府嚴禁外國人在日本定居。先前已拜朱之瑜為師的安東守約，是柳川藩主立花忠茂

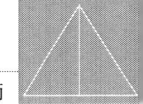

的近侍。有他上下奔走，終於創造奇蹟，朱之瑜獲准在長崎租屋定居。日本鎖國令以來，他是唯一獲得破例的外國人。

傳道在東洋

初到日本的朱之瑜，受到了極多的關照。特別是新學生安東守約，除了常登門求教，還把自己一半的俸祿都慷慨贈送。靠這些幫助，朱之瑜的生活，總算安頓下來。

但朱之瑜的內心，卻極度痛苦：永曆皇帝朱由榔在昆明殉難。鄭成功雖然光復臺灣，再造抗清根據地，但旋即也英年早逝。抗清的大局，越發不可為。

壞消息一個個傳來，朱之瑜的心頭，也接連傷悲，客居日本後，每當想起故國淪喪，他常常夜深人靜的時候切齒流淚。兒子寫信給他，告知生活困頓，他回信諄諄教誨：說就算哪行也過不下去，餓死也不能做清朝的官。

他自己也打算這麼做。客居日本幾年裡，基本都是深居簡出。到了永曆十九年，手頭有了點積蓄，他打算買幾畝地，從此躬耕度日，不問世事。

但這時候的日本，卻恰好是個重大演變期。日本主流佛學思想日益衰退。明朝百花齊放的儒學思想廣泛傳播，湧現學派無數，先前為朱之瑜定居奔走的安東守約，就是其中的傑出人物。但這時的日本儒學，也有大困擾：學派多思想雜。有官方的朱子學，還有追捧春秋戰國時期孔孟思想的古學派。更有悄然崛起的陽明學派，都標榜自己是正統，互相更爭個沒完。而且這幫人水平也都有限，更盼著有正宗大師來解惑。盼星星盼月亮，盼來了朱之瑜。

日本幕府集團也有自己的算盤：儒學雖然好，但沒個主流思想，肯定不利於統治，更得有公認的大師級人物主持大局。朱之瑜，就是最好的人選。

所以朱之瑜能夠破例定居，除了安東守約等人的殷勤接待與奔走外，上述情景才是根由。

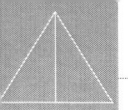

圈子・段子之大明帝國日常生活直播

國難中的大明精英

也正是這樣的背景，注定了朱之瑜的晚年絕不會平靜。他會捲入這場日本文化變革洪流，更將成為其中定海神針般的宗師人物。甚至，決定日本的歷史走向。

因此正當這年，朱之瑜正一心一意選購地皮的時候，一位重量級人物的邀約，改變了他隱居的決定：德川光國。他是日本統治者德川家綱的叔父，也是水戶藩主。

此人在當時也有一個大追求：推廣儒學。他自己的地盤水戶，更是儒學成風。但學校易建，老師難尋，對朱之瑜這樣一個至寶，自然也不放過。不但盛情邀請，更送他一個響亮名譽：國師。

對這隆重邀請，朱之瑜一開始沒什麼興趣，但德川光國十分誠懇，反覆派人恭恭敬敬邀約。特別是使者小宅生順，也是日本儒學名流，和朱之瑜聊得很投緣，也終於勾起了朱之瑜的興趣：瞧瞧去！

朱之瑜這一瞧，就締造了日本文化史上經典一幕：德川光國以弟子禮節，恭恭敬敬侍奉朱之瑜講學。甚至為了表示尊敬，建議朱之瑜能再取個名號。這一建議，就勾起了朱之瑜的思鄉之情，他長嘆一聲，為自己取了這個光耀日本史的稱呼：舜水先生。

舜水者，朱之瑜故鄉的河流名稱，一聲舜水，背後正是這位海外遺民，有家難歸的酸楚。這事傳開，全日本沸騰。各路名流蜂擁而至，紛紛一睹名師的風采。此後幾年，朱之瑜遊走在江戶和水戶兩地，講學傳道。後來就連各路諸侯，政界要人，都紛紛登門拜訪。特別是水戶地區，聽講的學生裡，竟還有白髮蒼蒼的老者，場面極其熱烈。

而朱之瑜也用自己的表現證明，他的宗師名號，著實名不虛傳。他的工作態度極其認真。雖說日本人的水平資質比明朝學生差太遠，但他毫不歧視，教學的每個環節，更是督導嚴格。

最令日本學生們感慨的，就是朱之瑜的因材施教。比如學生安積覺耐心差，朱之瑜就對症下藥，特意給他一個作業本，讓他把每天的學業，學完後原原本本寫下來。學生服部其衷常耍小聰明，經常裝病曠課，但朱之瑜每次

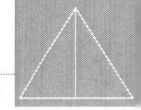

都諄諄善誘，一勸就是一整晚。這位頑劣的學生，從此態度大變，終生勤懇治學。如上美談，在日本各色史料中，一直津津樂道。

而且教書的朱之瑜，真拿學生們當親人，誰家裡出事，經濟有困難，他都慷慨幫助。他還很會做心理輔導，所謂「撫之如慈母，督之如嚴父。」正是他一直以來的光輝形象。

工作認真的朱之瑜，把他一生最光輝的學問——實學，毫無保留地傳授出來。這時的他，自身學問早已成熟，更大膽創新，自成一家。他開創的獨特思想體系，甚至超越了他所生活的時代。朱之瑜的實學思想，歸結下來有五條，而對當時日本影響最直接的，正是其代表哲學思想：踐履論。

踐履論，就是強調實踐。細解起來，一是認為儒家的「道」，存在於實際生活之中。求「道」要靠實踐中的學習領悟。而且任何一種「道」，更有實際的應用性。二是人的品格形成，也來自於實際生活行動，獲得崇高的道德，需要人後天勤奮的努力。

對當時日本來說，這思想的一大作用，就是包容性。日本幾大學派，各執一端不說，多年的學術爭論，鬥成一團混沌。朱之瑜一講學，這下混沌全開。朱之瑜既對幾大儒學流派的成就客觀認可，更逐一點出不足，提出全新思路。從此幾大學派求同存異，相互交流，變得十分團結。

而比起思想來，朱之瑜的政治觀點，更深遠影響了日本政治演進：革新論。

朱之瑜不但倡導仁政，而且對於仁政的內容，也做了大膽定義：不只要求皇帝勤政愛民，更講究「利民」，也就是要把國家的經濟搞上去，從而富國強民。他更把商品經濟提到極高位置，即使與同時代西方「重商主義」思潮比，朱之瑜的觀念，也毫不遜色。

特別進步的是，在實現「利民」的問題上，朱之瑜更有創造，提出了「禮教」和「法治」並重：一個成熟的國家，道德教育和法制約束，是兩條腿走路，法律的進步與執行，更要以保護道德為根本目標。如此主張，即使放在現代社會，也是振聾發聵。

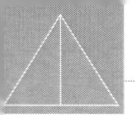

圈子・段子之大明帝國日常生活直播
國難中的大明精英

也正是這種革新思想的傳播，在未來的兩百年裡，彷彿一股洶湧的暗流，默默推動了日本社會的演進，甚至對於 19 世紀日本的明治維新也影響深遠。

而與「革新論」相輔相成的，便是朱之瑜獨特的經濟思想：致用論。

這個理論最重要的，就是對於明朝的滅亡做了痛苦的反思：這是經濟的破產。在水深火熱的局面下，只知道添丁加稅，有些官員空談道德，卻沒有實際利民的本事，終於把這個王朝徹底敗掉。

在反思之後，朱之瑜對怎樣繁榮經濟，總結出三條辦法：一是執政者要懂經濟；二是要鼓勵民營經濟；第三條是技術革新，農業和手工業技術的進步，是經濟發展的源頭。這第三條對日本的直接影響是，朱之瑜到了日本後不但教書，更教生產。

朱之瑜教生產這事，在日本極其有名，還經常帶學生實習，不是跑到農村教種田，就是到城裡店鋪裡教手工技術，有次在油漆店裡演示刷油漆，把圍觀群眾看得嘆服。包括種田、釀酒、屠宰，只要他會的，全都熱情傳授。德川光國深情回憶到：先生為一經濟家，假今日曠野無人之地，士農工商各業，先生皆可兼之。

而這事對日本的衝擊更是深遠，明朝先進的生產技術從此大範圍傳播。還有就是觀念顛覆：日本傳統的儒學鄙薄生產，但朱之瑜把生產的位置抬得極高。以至於後來日本的諸多儒學門生，很多都是實幹家。19 世紀日本維新時代的諸多精英，正是在這樣的土壤裡孕育。

而朱之瑜也知道，推廣生產，傳播實學，最直接的方式，就是辦教育。在這事上，他同樣有獨特創造：社會論。

與經濟思想的「致用論」相同，朱之瑜教育思想的「社會論」，同樣來自對明朝滅亡的沉重回憶。在朱之瑜眼裡，明朝的滅亡，首先是經濟問題，然後就是教育問題。以他自己的話說，明朝一直重視教育，但最後培養出來的，要麼是道德偽君子，要麼是書呆子。明末為什麼這種人多？說到底還是教育出問題。

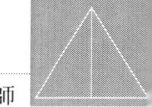

怎麼解決這問題？這就是朱之瑜的「社會論」，學習目的要變，要為了造福社會而學習。學習內容要變，不但要學道德，更要學為人的智慧與生產的知識，學到了就要用得著，學習方法要變，不能閉門學，學生更要充分地接地氣。教學方法也要變，再複雜的學問，都應該用通俗易懂的方式普及。《四書》《五經》的學問，甚至被朱之瑜變成朗朗上口的日本兒歌，三歲小孩都能傳頌。

而對日本教育甚至當代教育影響最大的，更有朱之瑜「社會論」中的特殊一條：教育普及。永曆二十四年，德川光國在水戶設立學宮，朱之瑜親自設計了學宮的樣式，在學宮落成後，又制定了一套以中國儒家傳統為基礎的禮儀。從頭到尾，他都是這件大事的締造者。而對德川幕府時代的文化，影響尤其大的，就是朱之瑜的史學思想：尊史論。早在青年讀書時代起，朱之瑜就以史學見長，在客居日本之後，他也把自己卓越的史學思想，帶給了日本人。

朱之瑜的「尊史論」，核心有兩條，一是尊重歷史的事實。這條也解決了日本人修史的一個頭疼問題：日本之前常年戰亂，史料駁雜，德川幕府統治時期，想編修一部日本歷史書，卻常年辦不成。

朱之瑜的「尊史論」出來，問題就解決了。朱之瑜認為，修史首先要有明確的歷史觀念，即強調國家統一，尊奉正朔。而在目的上，「尊史論」的目標更現實：致用，也就是他一直說的「經以史佐」。朱之瑜的幾位日本弟子們，啟動了著名的修史運動，以朱之瑜弟子安積覺擔任主編的《大日本史》修撰完成。這部史書倡導的五大思想：尊王、抑藩、忠君、愛國、大一統，更成為後來倒幕運動和明治維新的思想源頭。

特別值得一說的是，對朱之瑜的史學思想，日本人也是有選擇性地繼承。朱之瑜「尊史論」中另一思想，反而在日本重視不多。但這個思想即使對於今天，也有極大意義：百姓者，分而聽之則愚，合而聽之則神。其心既變，川決天崩。這話按照白話說，就是人民群眾，才是歷史前進的動力。

就這樣，朱之瑜人生最後二十年時光，彷彿一抹濃重的晚霞，在日本的國土上，招搖出片片動人的華彩。他門下弟子遍佈，最親近的五大弟子，即

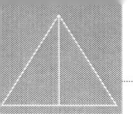

圈子·段子之大明帝國日常生活直播
國難中的大明精英

安積覺、今井弘濟、五十川剛伯、服部其忠、下川三省，都成為日本歷史上影響深遠的精英名流。特別是安積覺，他開闢了日本近代儒學的重大流派：水戶學派。

永曆三十七年四月，八十三歲的朱之瑜，溘然長逝於日本大阪。他留遺囑要求：自己的墓碑之上，一定要寫上「故明人朱之瑜墓」。享譽日本的朱之瑜，一生過得十分清苦，但臨終的時候，家產卻積攢了三千多兩黃金。這是他省吃儉用二十年，籌措的反清復明經費。故國的淪喪，他一生唸唸不忘。

他的離世，更成了日本舉國的痛事。送葬當日，許多弟子當場失聲痛哭。最早的學生安東守約，在朱之瑜週年祭奠的時候，依然泣不成聲：老師您這樣離開了，以後我的學問有了疑惑，還能向誰求教呢？

朱之瑜死後，他的弟子們做得最重要的一件事，就是整理朱之瑜文集。其中最為著名的，就是《舜水先生文集》，這部共 28 卷的巨著，一直到日本近代，諸多日本倒幕和維新時代的精英人物，依然對此敬慕不已。誠如安東守約的感慨：對於朱之瑜這位傑出的哲人，幾百年間，日本人一直求教不息。朱之瑜過世八個月後，清王朝發動了征臺戰爭，南明王朝最後一個政權，臺灣明鄭政權，終於降旗投降。朱之瑜臨終前唸唸不忘的復國大業，就此徹底如夢。大明王朝三十九年沉重的餘波：南明王朝時代，徹底劃上句號。

明朝的女人、女神與女神經

▌明朝公主嫁人難

俗話說,皇帝的女兒不愁嫁,但看看明朝就發現,這事真叫愁。

明朝三個世紀的歷史上,共出生公主92位,但其中獲得公主封號的,只有77位,加上明朝開國皇帝朱元璋的姐姐與侄女,明朝擁有公主封號的女子,共有81位。之所以有些公主沒有封號,主要因為她們其中三十六位出生時早夭,許多人因此沒有冊封。在家庭子女地位上,明朝同樣重男輕女——公主的名分,並不是生下來就有的,就算你是皇帝的親閨女,也要老老實實地熬時間。明初的時候,通常是刻板到公主出嫁前兩天才給名分,後來總算政策靈活掌握,但也大多要到公主成年之後。

而如果細看這81位公主的「結婚率」,卻是一個差強人意的數字:下嫁者一共57位,剛剛過百分之六十。而這其中如願嫁得好郎君的,隨著明朝時代的演進,卻是屈指可數。

明朝公主的婚姻,和那年頭民間嫁女兒一樣,屬於包辦婚姻。在明朝朱元璋至朱棣三代帝王統治年間,公主的丈夫,主要是從勛貴子弟中選取。然而隨著時間的推移,公主擇婿到明朝正統年間的時候,也逐漸形成了制度化:一是禁止文武大臣家的子弟參選。二是駙馬的選擇,也是透過海選方式進行,由禮部主持,參選條件是年齡14至16歲,且擁有京城戶籍的在京普通官員以及良家子弟。要求容貌端正,舉止端莊,家室清白,富有教養。如果京城找不到合適的,就把選拔範圍,擴大到山東、河南、河北三地,通常都是以海選的方式選出三人,再由皇帝看,確定其中一人。有幸獲選的幸運兒,也並不是立刻就能娶公主,相反要先參加禮部舉行的駙馬「學習班」,學習合格後方能與公主結婚,也就是成為我們通常說的「駙馬」。

而對於平民百姓來說,駙馬的誘惑力是非常大的。明朝的駙馬,全稱叫做「駙馬都尉」,可以居住在國家贈予的豪宅裡,更享受每年兩千石祿米的高薪(折合台幣400萬元),每年的計劃外收入也多,比如有朝廷的贈田和

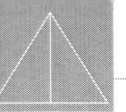

圈子・段子之大明帝國日常生活直播

明朝的女人、女神與女神經

賞賜，駙馬的父親也因此沾光，可以被授予兵馬指揮使的虛職並享受俸祿，兒子也可世襲成為錦衣衛指揮，屬於高級公務員。當然，從行政級別上說，駙馬還是屬於公主的下屬，見了老婆的面，依禮要向老婆下跪，公主吃飯的時候，駙馬更要侍立一旁，也就是公主吃著，老公看著，公主站著，老公跪著。對比駙馬一家的優厚待遇，這些算是「幸福的代價」。

為了這「幸福的代價」，在當時，每到招駙馬的時候，各地都有好青年趨之若鶩。理論上說，以如此嚴格認真的選拔標準，如此富有吸引力的條件待遇，給公主選個好駙馬，貌似是沒問題的。

理論上是這樣，實際上卻全走了樣。

首先是對於駙馬的考評，除了要考評駙馬本人的條件外，駙馬的家庭身世，也成為考評的重點內容。如此一來，有時候好端端的婚姻，偏偏就容易「烤」糊了。明世宗朱厚熜的女兒永淳公主，便是這麼個「杯具」。當時明世宗為女兒招駙馬，本來確定了一個叫陳釗的青年，這小夥一表人才知書達理，明世宗起初越看越喜歡，拍板就把婚事定下來了。可事後得知，陳釗出身不清白，父親只是家族的小妾生的，這下明世宗不幹了，果斷替女兒退婚，但公主婚期已定，只得抓緊時間重新海選，倉促之下，這次可選歪了，好不容易選來一個家世清白的謝昭，可相看以後才知道，這位謝公子貌醜不說，還是個禿頭，明世宗有心悔婚，無奈婚期迫在眉睫，皇家的面子朝哪擱，只能打落門牙往肚子裡咽——嫁！

而更漏洞百出的，卻是駙馬的海選環節。和皇帝選老婆一樣，公主選駙馬，最初的海選，也都是由太監辦理，且中間缺少監督，只要敢塞錢，阿貓、阿狗也能矇混過關。萬曆皇帝朱翊鈞的妹妹永寧公主，就是吃了這個大虧。當時萬曆帝大張旗鼓給妹妹選駙馬，一來二去，總算挑中了一個。小夥子叫梁邦瑞，富商出身且相貌不差，外加操辦的太監把他誇成一朵花，萬曆帝也就拍板認可了。可婚禮當天就發現不對勁，這哥們穿著婚袍，卻當場狂流鼻血，把現場來賓都嚇得夠嗆，關鍵時刻還是太監會說話，當場奉承說：婚禮見血是大紅，這吉利啊！萬曆帝想想也對，於是就沒往深裡想。誰料結婚才一個月，公主就號啕著回來了：這位梁公子其實是個癆病鬼，參加海選的時

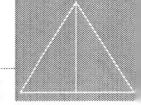

候就病得夠嗆了，全靠給太監塞錢才混進來，送進洞房後，就體弱得連夫妻生活都過不了，蜜月都沒過完就一命嗚呼了。可憐永寧公主貴為金枝玉葉，卻是先嫁人婦，再做寡婦。那年頭已是明朝中晚期，所謂封建禮教在民間早已不作數，照《三言》的說法，女子離婚再嫁，那是正常不過。可放在皇室生活，卻依舊條令森嚴。公主守寡，那是一定要守到底。不出幾年，守寡到底的永寧公主鬱鬱而終。一生幸福全讓迷信哥哥和財迷太監毀了。

而就算是擇婿滿意，婚姻順利，公主、駙馬的婚後生活依然時刻充滿「幸福的代價」，最典型的幸福代價是：公主駙馬的夫妻生活也不是隨便想過就能過的。

因為從家庭關係上說，公主、駙馬是夫妻，但從行政關係上說，公主是皇室，駙馬是臣子，屬於上下級。下級要找上級辦事，通常都要申請，夫妻生活這類重大事件，同樣也要申請。平日裡，公主和駙馬也都是分房而居的，公主在內室，駙馬在外室。

而做駙馬的，要申請過一次夫妻生活，那真比闖關還難。倒不是公主本人不樂意，而是公主並非一個人決定，陪公主嫁過來的，還有諸如保姆、奶娘等各色人等，申請一次夫妻生活，就跟進廟燒香一樣，那得一級一級往裡燒。

而最難燒的一關，莫過於公主的管家婆，即我們通常所說的嬤嬤。在公主與駙馬之間，看似地位卑微的嬤嬤，卻是橫亙在公主與駙馬之間的一道鐵門，公主、駙馬的夫妻生活過不過，一個月過幾次，全是她說了算。

一般說來，公主和駙馬要過夫妻生活，流程是這樣的，由公主宣召，接到宣召的駙馬，前來覲見公主，然後夫妻團聚，完事收工。

可有嬤嬤在，事情就不一樣了。公主能不能宣召駙馬，得看嬤嬤是不是同意，如果沒給嬤嬤好處，嬤嬤不會同意；遇上嬤嬤不高興，也不會同意。如果倒霉的公主，遇上個心理扭曲變態的，見不得年輕人恩恩愛愛的嬤嬤，那更是只能認倒霉了。

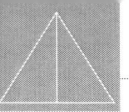

而公主之所以怕嬤嬤，主要因為嬤嬤都是老宮女，在宮裡扎得時間長人脈廣，尤其和實權太監交好，輕易得罪不得，雖然一個是主一個是僕，卻還要看人家的臉色。

而接到傳召的駙馬，如果不給嬤嬤塞好處，就是嬤嬤傳了，你也進不去，被嬤嬤鐵青著臉擋出去。有些駙馬會繞開嬤嬤，趁嬤嬤不在的時候來會公主，可一旦被嬤嬤發現，後果就很悲慘：嬤嬤會像捉姦一樣把駙馬逮出來，打得駙馬這輩子都不敢偷著來。好好的夫妻，就這樣整得和偷情似的。

絕大多數的駙馬和公主，就是這麼窩囊著過了一輩子，當然也有奮起反抗的，不過雖然勝利了，代價卻是慘重的。比如《萬曆野獲編》裡所記錄的，萬曆皇帝朱翊鈞的女兒壽寧公主。

這位壽寧公主的來頭可不簡單，她是萬曆帝最寵愛的貴妃鄭貴妃的女兒。萬曆帝有十個公主，夭折了八個，僅存的兩個中，壽寧公主是他最疼愛的掌上明珠。後來壽寧公主嫁人後，萬曆皇帝還分外想念，嫁人的時候就特意下旨，命公主每隔五天就要回宮一次。

可就是這樣一位備受寵愛的公主，結婚後卻一直受嬤嬤的欺負。她和駙馬冉興讓，婚後一直感情和睦，偏偏多出個嬤嬤梁英女。這女人脾氣古怪，尤其見不得男歡女愛，公主要宣駙馬，總是想方設法阻攔，公主、駙馬花了不少銀子，賠盡了笑臉，卻是該罵還是罵，該不讓見，還是不讓見。

日久天長，小夫妻也忍無可忍了，趁有一次嬤嬤不在，冉興讓乾脆摸進公主房間，二人痛痛快快私會一回。偏在正親親我我的時候嬤嬤回來了，這下可炸鍋了，嬤嬤當場捲袖子打罵。公主也忍夠了，和嬤嬤大吵一通，隨後夫妻倆豁出去了，打算分頭進宮，駙馬去找老丈人萬曆帝揭發，公主去找母親鄭貴妃哭訴，同心協力和嬤嬤鬥到底。

按理說，這小夫妻該是百分百的勝算，一個是皇上貴妃最疼的掌上明珠，一個是掌上明珠的老公，對面不過是個老宮女，勝負似乎一目瞭然。

可真鬥起來才知道，小兩口還是毛太嫩。嬤嬤早利用相熟的太監，跑到公主生母鄭貴妃面前顛倒是非，尤其把公主思念駙馬，和駙馬相會，說成是

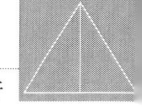

不守婦道。結果鄭貴妃大怒，公主來了三次都被擋在門外。另一邊的駙馬更慘，被擋駕見不到萬曆帝不說，還被嬤嬤的親信太監找人一頓暴打。還沒等著冉駙馬去告狀，萬曆帝的聖旨反而下來了：斥責駙馬亂搞事情，反命他奪職反省。一對合法的夫妻，爭取合法的夫妻生活，除了爭來一頓暴打和母女反目，便是這麼個窩囊結果。

不過他們還算是幸運的，這事情過後，事情的始作俑者梁嬤嬤，被調往他處。雖然打人的宦官沒有遭到任何處罰，但相信公主和駙馬是知足的，因為他們終於可以正大光明地在一起了。在整個明朝的三百年裡，他們或許是唯一一對可以正大光明在一起的公主駙馬，雖然過程慘痛了些。

明朝女人傳奇

被醜化的馬皇后

當代評書《燕王掃北》中，她是壞事做絕的惡毒太后：逼死了溫柔賢惠的嬪妃們，外帶提拔了大把親戚禍害朝政，順便下毒送丈夫皇帝最後一程。

然而在真正的歷史上，她是丈夫貧賤時代的髮妻，曾經為了給被囚禁的丈夫送飯，把身體都燙傷了。後來母儀天下，丈夫身邊得寵的妃子們，聽說誰懷了龍種，她便下令悉心照料，有誰得罪了丈夫，她更想方設法從中調解。每個皇子的衣食住行甚至學業，她都會親自過問關心。

她究竟有沒有生育子女，後世說法極多，但在所有的後宮皇子的記憶中，她是大家真正的母親。每當想起童年時戰亂裡故去的雙親，直到晚年她還會忍不住流淚，但即使這樣，她從未要求冊封過一位家族親眷。她對丈夫說：自古以來，外戚專權就是禍害，從我開始，要為大明杜絕了它。

她做了十五年皇后，只有一次干預過朝政：建議丈夫在全國設立儲備倉，用以在饑荒的時候賑濟百姓。在她生命的最後時刻，還不忘記囑託丈夫：生死都是命運，千萬不要因為我的病責罰醫生們。她的離世，是丈夫人生中的沉痛一擊，素來性格堅忍的丈夫，竟當著臣子的面垂泣。

明朝的女人、女神與女神經

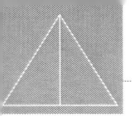

她是大明王朝的孝慈高皇后馬氏，《明史》中稱讚「慈德昭彰」的一代賢后。她過世的消息傳開後，即使後宮裡的普通宮女，國子監的尋常學子，甚至民間的普通百姓們，好些也紛紛垂淚。

據說皇上追過你

戎馬半生的鐵血帝王朱棣，野史中也有一段津津樂道的愛情：在髮妻徐皇后過世後，竟然愛屋及烏，追求起了自家小姨子——徐皇后之妹，中山王徐達的小女兒徐妙錦。

在此類說法中，徐小姐不但天生麗質，更兼文武雙全，精通騎馬射獵，還寫得一手好詩詞。上馬就做女漢子，提筆便是女才子，如此「女神級」的人物，自然令永樂大帝傾慕不已。誰知徐小姐本人卻剛烈，不但對皇家恩寵嗤之以鼻，還專門寫了封信回絕。這封書信，叫《答永樂大帝書》。

在這封四百一十九個字的信中，徐妙錦告訴皇上，自己性情淡泊，只願意像山中的小草一樣，遠離人世的紛擾，在青燈古佛前了卻一生。這封情意懇切的書信，也終於打動了朱棣，放了徐小姐自由。

但參考正史記錄，徐達的三個女兒，除了徐皇后外，另兩位都嫁給了藩王。而且從出生日期推斷，假若真有這樣一位徐小姐，那麼等朱棣求婚的時候，她最年輕也該有二十二歲了。二十二歲還沒嫁人的老姑娘，放在明代十分少見。這段愛情是否真的存在，至今還有爭議。

話題女王劉莫邪

明初禮教森嚴，婦女規矩尤其多：穿衣要樸素，日常行動要謹慎，基本不出門，關在家裡學女紅，把男人伺候好就是模範。

但就是這樣的年月裡，偏出了南京才女劉莫邪這個另類。此女子雖說自幼命苦，父母雙亡，由舅舅撫養長大。偏偏天資聰穎，經史子集過目不忘不說，更寫得一手好詩詞。

明朝建國後，劉莫邪成了大明上流社會的高光人物，不但與朱元璋的愛女大長公主成了閨蜜，更頻繁出入各色王侯將相圈子裡的酒會宴席，身邊經

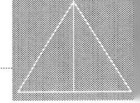

常追求者雲集。萬眾矚目之下，劉才女不但艷壓群芳，詩詞更常技驚四座，流傳下來的多首名篇，至今膾炙人口。而且不同場合中，她還是個經常變身的千面女郎，有時打扮得珠光寶氣，高貴無比，有時卻只穿上粗布衣服示人，卻盡顯樸實之美。

而關於她的種種猜測，也常在大明權貴圈裡流傳：有人說她一直單身，也有人說她曾嫁過富商，並繼承了大筆遺產。更有邪門的說法是，她曾拜得名師，學得絕技，不但醫術精湛，藥到病除，而且還懂通靈邪術，擅長攝人魂魄。但大家都知道的，便是她強大的活動能量，與許多權力人物交好，甚至高官們辦不成的事，她都能隨手辦成。

這位大明權力場上的話題女王，在明成祖朱棣登基後活動過了頭，一直為推翻朱棣而奔走，被朱棣投入監牢。已雙鬢斑白的劉才女，早已無慾無求，乾脆在牢房裡寫詩諷刺來視察的大理寺卿薛岩，氣得薛岩當場將她殺掉。有關她身世背景的種種猜測，也就因此永遠成謎。

大明學霸馬蓬瀛

明初婦女規矩多，雖說有劉莫邪這樣的另類，但大多數婦女，照著《女誡》的要求，只能老老實實在家相夫教子。但偏有一位山東昌黎村婦，卻得到了明太祖朱元璋的隆重邀請：專門派官員到昌黎傳達表彰賞賜，並下令當地政府每年額外補貼她家六十石米（台幣十萬多元），只求她能出山做官。

這位村婦，便是元末明初傑出的科學家——馬蓬瀛。既無權貴背景更一生清貧的馬蓬瀛，出身於算學世家，年輕時便是當地精通天文數學的奇女。她的丈夫貢生劉公直，早年在昌黎遊學時與她相識相愛，從此夫唱婦隨，留在昌黎與妻子一道研究學問。

大明建國後的幾十年裡，她不僅學問精進，更熱衷公益活動，曾幫鄉民改進過農具器械，還曾設計新型水車，幫助政府抗旱救災，大名也終於傳到了朱元璋那裡。就職南京後，馬蓬瀛成為了大明王朝的天文臺臺長，任上不僅改裝了各類天文設備，更整理恢復了元末流失的阿拉伯等國的數學天文資料。

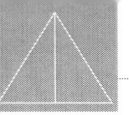

朱棣執政時期，她又兩度「退休返聘」，回南京重操舊業。兒子劉政也因為她的卓越貢獻，被明朝政府特許為昌黎縣儒學終身訓導。有明一代，她是第一位獲得品級俸祿的女官員。

世緣情愛總成空

她是翰林院庶吉士董鏞家的女兒，二十一歲那年，經家庭安排，嫁給了錢塘於家的公子。這位公子相貌英俊，學業優良，而且鄉里傳言說，七歲的時候，有和尚看了這傢伙一眼，便驚嘆他是將來匡扶社稷的大人物。嫁給了這位未來的「大人物」後，她享受到了夫妻相敬如賓的歡樂。丈夫待她極好，除了情感和睦外，還常相互詩詞唱和，並先後生育了一雙兒女，婚姻出名的浪漫美滿。

而後丈夫金榜題名，卻一口氣做了十九年巡撫，常年奔波在外，外加為官清廉，實在負擔不起舉家遷移赴任的花費，只得聚少離多。對一家老小的照料，全壓在她的身上。她始終如一地勤儉持家，相夫教子，也深得丈夫敬重。多年兩地相隔，夫妻鴻雁傳書，丈夫信中「歲寒松柏心，彼此永相保」寫盡思念與愧疚。

夫妻倆唯一一次爭吵，還是因為女兒自作主張，愛上了一個貧寒的小子。身為母親的她堅決反對，不惜和丈夫紅臉，丈夫卻只說了一句話：他不會負了咱們女兒，就像我永遠不會負你。只這一句話，她便轉憂為喜，再不反對。多年的辛勞中，她身染重病，卻始終對丈夫瞞著，等到丈夫知曉，從千里之外的福建任上趕回時，她已溘然長逝。

這最後的錯過，便成了丈夫心中最深的痛，之後的數十年裡，丈夫再沒續娶，一直孑然一身。每當想起她時，丈夫便瘋狂地寫詩，留下的《悼內》詩十一首，是明代詩詞中感人肺腑的名篇。後半生情感孤獨的丈夫，如七歲那年的和尚所言，在國家危難之時挺身而出，挽救危局，成為舉國敬仰的大人物。然而敬仰丈夫的人卻大多不知道，與她的二十七年婚姻，是痛悔終生的丈夫——忠肅公于謙，生命中最深情的片段。

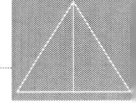

戎馬沙場的輝煌人生中，剛正不阿的官場生涯裡，卻還有「世緣情愛總成空，二十餘年空遺夢」的傷懷，鐵漢如于謙，也有柔情斷腸處。

大明悍婦有骨氣

明朝歷代皇后中，景泰帝朱祁鈺的皇后汪氏，應該是最潑辣的一位。北京保衛戰勝利後，大家忙著慶功，她卻帶人到郊外，收殮陣亡將士們的骸骨。

「太上皇」明英宗被俘，妻子錢皇后無人搭理，生活困難，也是她時常仗義幫助，還經常去探望錢皇后，陪她聊天解悶。後來朱祁鈺想廢掉太子（明英宗的兒子朱見深），大家不敢說話，還是她站出來反對，不惜和朱祁鈺大吵，結果太子還沒被廢，她先被廢了皇后位。

幾年後明英宗朱祁鎮復辟，開始秋後算帳，竟逼她交出一條皇宮裡的玉帶。她知道後二話不說，當著傳旨太監的面，把玉帶甩手扔到井裡，然後氣場十足地大吼一句：「沒有！」知道這事的明英宗氣得不行，本想讓她去給景泰皇帝殉葬，結果太子朱見深知道後，在明英宗面前苦苦哀求，終於把她保了下來。

她一直活到正德元年，其間的半個世紀裡，雖不再有皇后的名分，卻是之後幾任明朝皇帝們極為尊敬的人，逢年過節必然至成王府（明英宗復辟後她被安置在成王府）探望問候。汪氏八十而壽終，被正德皇帝追認為「貞惠安和景皇后」。《明史》對她的評價最形象：剛毅偏執，心懷仁德。

真實秋香情義重

明朝弘治年間最知名的風流才子，當屬大畫家唐伯虎了，然而在真實的唐伯虎故事中，並沒有那位三笑姻緣的秋香，令他動情最深的女子，卻是一個叫程九娘的妓女。當時唐伯虎捲入科場案，最終功名被奪，連妻子也和他離婚。人生最低谷時，這位叫程九娘的官妓來到他身邊，與他結為夫妻，照料他的生活。

之後的多年裡，兩人相依為命，舉案齊眉，唐伯虎窮困潦倒時，全靠九娘縫縫補補，支撐家中開支。可是好景不長，明朝正德初年，程九娘身染重

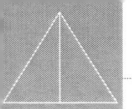

病，不幸香消玉殞，臨終前對唐伯虎遺言：「承你不棄，做你妻子，本想盡心力理好家務，讓你專心詩畫，成為大家，但我無福，無壽，無祿，望你日後善加珍重。」

在唐伯虎的一生中，這是他最後一次放聲地號啕痛哭。

九娘故去後的唐伯虎，再未娶妻，後半生流連青樓，放浪一生。

明朝青樓也選秀

明朝中晚期，也是青樓文化大興的時期。明朝士大夫通常喜歡流連青樓，按照文雅點的說法，就是狎妓為樂，在明朝晚期不但不算荒淫，相反算是風雅。

關於這條，其實明朝政府也曾明令禁止過，明朝每一任皇帝在任時，都曾反覆重申朱元璋時期的禁令，嚴禁官員出入青樓場所。但上有政策下有對策，風聲緊的時候，官員們往往不去妓院，反而把妓女請到家裡來「小唱」，等著風聲鬆了，再大搖大擺地去。

晚明的妓院，算是中國歷史上最風雅的妓院，不但講究詩詞歌賦，更有士大夫按照科舉考試的規矩，給妓院裡的知名妓女們搞排名評比，甚至到後來，評比都有了一套流程：先是主持評比的士大夫們，向各路客人們發請柬，凡是光顧的客人都是評審委員，每個人都有權對參選妓女發表評論，並且以不同種類的花贈給妓女，來區別她們不同的名次。甚至有時候，士大夫們還習慣用「狀元」「榜眼」「探花」來指代妓女們的名次，所謂的「秦淮八艷」「金陵十三釵」，基本都是這麼評選出來的。

明朝婦女鬧解放

晚明的另一個社會風尚，就是從明朝中期開始，越演越烈的「婦女解放運動」。早期的明王朝，在女子的規矩上極其嚴格，正經人家的閨女，基本大門不出二門不邁，而且大多不識字，擅長的技能，除了女紅就是做飯、打掃衛生。

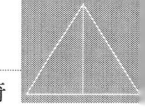

可到了明朝中晚期，卻完全不是這麼回事。萬曆年間的程朱理學老夫子呂坤，就曾發出過這樣痛心疾首的感嘆：這年頭的女人，真是越來越不知羞恥了。就算是大家閨秀，也有好多人喜歡穿衣打扮，在外拋頭露面，而且還和男人一樣學文章歌賦，有的整天結交朋友，毫無矜持，有的還學一些淫詞艷歌，大庭廣眾之下到處唱。這是什麼世道啊！

刻薄是因為愛你

黃娥，明朝才女，自幼博聞強記，身為延綏巡撫黃柯家的閨女，一直求親者眾多，卻只因十二歲那年，才子楊慎登門拜年，她躲在屏風後悄悄看了一眼，便義無反顧地愛上了已有妻室的楊才子。從此再有媒婆登門，她便嚴肅宣告：要嫁只能嫁楊慎。消息傳到楊才子耳朵裡，楊才子哭笑不得，卻也只以為是小女生胡鬧。誰知七年以後，楊慎不幸喪妻，悲痛萬分。黃娥及時送上一首深情款款的小詩，剎那間俘虜了楊慎的心，然後熱戀閃婚，喜結連理。

誰知天有不測風雲，成婚沒多久，楊慎捲入了明朝的「大禮」之爭，被嘉靖皇帝一怒發配到雲南。之後三十年裡，楊慎在雲南服刑，黃娥一度陪丈夫流放，甚至有次楊慎重病，正是黃娥悉心照顧，硬把丈夫給救回來。

而後家鄉公爹過世，黃娥又只好回到丈夫家鄉，照料老老小小，從此過起了兩地分居的生活。三十年的婚姻生活，大多數時間只得靠書信詩詞往來傳情。直到楊慎七十歲那年，總算服刑期滿，本以為雲開月明，可以和妻子相守餘生。不想嘉靖皇帝冷酷到底，楊慎前腳剛進家門，後腳官差就進門，又把楊慎抓去刑訊，再也經不起折騰的楊慎，驚病交加下離世。

在丈夫的喪禮上，經受喪夫之痛的黃娥，竟做出了一個極其刻薄的舉動：不許給丈夫的屍體換衣服，就讓丈夫穿著一身囚服下葬。這個近乎侮辱性的決定，引起了楊家老小的一片憤怒，連兒女們也不理解。

但面對親人的指責，黃娥自始至終都沉默著，只是一再堅持。直到楊慎的棺木即將入葬，大家才懂黃娥的苦心：嘉靖派來的官員及時趕到，堅持要

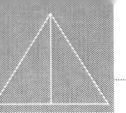

開棺驗看，直到看見楊慎穿著囚服下葬才作罷。小心眼的嘉靖，也就因此徹底放過了楊家老小，一場家族大禍，在黃娥的「刻薄」下平安躲過。

惹不起的毒奶媽

魏忠賢能夠最終把持朝政，除了自身的陰險狡詐，以及東林黨不斷犯下的愚蠢錯誤外，還虧了一個女人的幫助——他的情人、天啟皇帝的乳母客氏。

這位客氏，其實才是天啟皇帝一生最為依賴信任的人，就像天啟皇帝自己一份詔書裡所說：從自己開始記事的時候，客氏就陪在他的身邊，因此自己一天也不能沒有她。甚至天啟皇帝每天晚上寵幸哪個妃子，也全由客氏來安排。

有關這位客氏的劣跡，除了驕奢淫逸，利用自己與天啟皇帝的感情，幫助魏忠賢奪權外，最主要的，就是迫害天啟皇帝的寵妃，尤其是那些懷了孕的以及和自己不對付的。

天啟皇帝的嬪妃中，裕妃被客氏關押，最後活活餓死，胡妃和成妃被客氏關押後渴死。李妃在被關押前，事先吃了點食物，最後饒倖不死，但也被廢為宮女。壞事做盡的她在魏忠賢倒臺後，被發配到後宮浣衣局，滿腔怒火的宮人亂棍齊發，將她打成了一堆肉醬。

真愛有誰可託付

明朝滅亡之前，赫赫有名的江南「秦淮八艷」中，幾乎每個人都有一段與豪門有關的羅曼史，最讓當時女子羨慕的，不是與錢謙益喜結連理的柳如是，而是和柳如是齊名的另一位江南名妓——寇白門。

寇白門在崇禎十二年（1639年）嫁人，她的老公，是靖難功臣朱能後人——保國公朱國弼。她的婚禮也是諸位佳人中最「拉風」的：是年秋夜的婚禮上，朱國弼調派五千士兵，沿秦淮河肅立到朱家府宅，場面極為氣派，幾乎全南京人都來圍觀。

然而好景不長，深愛寇白門典雅單純的朱國弼，很快就三分鐘熱度過了，開始頻繁出入青樓妓院，把新婚的寇白門扔在家裡。直到清軍南下時，毫無

氣節的朱國弼賣身投靠，卻連叛徒都沒做成，反而被清軍扣押，張口要一萬兩白銀的贖身費。

這時候的朱國弼，家產早被揮霍劫掠殆盡，哪裡有錢買自由？無奈之下，他想到了最下作的辦法——賣老婆，即把寇白門賣了還債。得知消息的寇白門二話不說，自己找小姐妹幫忙，為朱國弼湊齊了這筆錢，然後毫不猶豫地離開了他。

恢復自由的朱國弼，還曾想和寇白門重續前緣，結果寇白門正色說：「我是你花錢從妓院裡贖出來的，現在我又把你贖出來，咱倆兩清了。」重回單身生活的寇白門，一度自號女俠，在家中修築亭園，與諸多少年名士往來交遊，每次縱酒歡歌到極樂後，卻總是放聲痛哭。

她也曾嫁給揚州一位孝廉，也因感情不和再次分手。人生暮年的時候，更因憤怒她的相好韓生背著她與自己的侍女調情，最後氣病交加，溘然長逝。敢愛敢恨的快意外表下，是一個女人的真愛無處託付的苦痛。

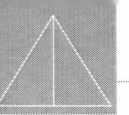

尾聲

尾聲

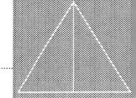

▎明朝滅亡時的囧事

大家一起踢皮球

　　明末農民起義，之所以鬧得聲勢浩大，一個重要原因，就是晚明官員的相互推諉和欺上瞞下。比如最初的陝西動亂，從崇禎元年（1628年）就開始了，一直到了一年後瞞不住，才上報給朝廷。後來楊鶴受命招撫陝西叛軍，一開始形勢大好，幾乎所有的叛軍都接受了招安，他也一直報喜不報憂，一直到叛亂復起前五天，他給崇禎的奏摺還說，現在陝西地區形勢大好，老百姓安居樂業云云。後來暴亂再起，楊鶴回京領罪，《明實錄》上記錄，崇禎見面就大罵，你不是說一切大好嗎？怎麼成這樣了！後來陝西地區的叛軍，遭到了洪承疇的鎮壓，不得已流竄到山西，結果山西官員們的第一反應，不是討論如何抗敵，而是推諉責任。山西巡按羅世錦給崇禎的奏報裡，通篇都在標榜山西地區國泰民安，最後話鋒一轉，指責陝西官員故意把「流寇」趕到了山西。更「雷」人的是裴俊錫，他居然提議，讓陝西官員先把叛軍趕回陝西，然後再討論是剿還是招安的問題。

崇禎死催就壞事

　　明朝最後一次可以免於滅亡的機會，是發生在明朝崇禎十六年（1643年）夏天，由陝西總督孫傳庭指揮的河南之戰。這場戰爭前，已經兵窮財盡的明朝最好的選擇其實是穩守潼關，但猴急的崇禎不顧現實，死催孫傳庭進兵河南決戰。結果孫傳庭雖然初戰得勝，但明王朝卻已無錢糧支援前線，孫傳庭只得率部撤回陝西籌糧，留當地河南總兵陳永福斷後。河南明軍聽後大怒，紛紛大罵說：「你們陝西人跑了，留俺們河南人墊背啊。」結果明軍嘩變，被李自成反戈一擊，不但河南沒保住，連生命線一般的潼關都丟了。大勢已去的孫傳庭單槍匹馬勇闖敵陣，最終壯烈犧牲。他的妻子聞訊後，帶著兩個

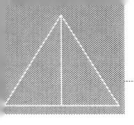

女兒和小妾在家鄉投井自殺。然而崇禎居然懷疑他投敵，一直到崇禎煤山上吊了，都沒給他追贈諡號。

叛變專業戶

李自成於崇禎十七年（1644年）正月初一建立大順王朝後，隨即發動了滅亡明王朝的戰爭。一路之上，大多數明軍望風而逃，極少有人做有效抵抗。主動賣身投靠的更多。比如宣府總兵王承胤，他在李自成打來之前，不但送上了降表，還把堡壘上所有大砲的引信都拆了。李自成兵臨城下時，宣府巡撫朱之馮誓死抵抗時，這才發現大砲都打不響，朱巡撫又提刀想殺出去，又被王承胤死死抱住。最後大勢已去的朱巡撫哭了一場，只得上吊殉難。而主動賣身投靠的王承胤，之前已經有不少前科了，比如崇禎二年（1629年）明朝抗擊皇太極攻打北京的廣渠門之戰裡，就是他在作戰中帶頭潰散，差點害得北京淪陷，是早就有名的「長腿將軍」。

大明最佳影帝

李自成進逼北京的時候，崇禎發動了他最後一次出征。以大學士李建泰督師，賜尚方寶劍，統帥兵馬在保定迎擊李自成。出征之前，李大學士滿臉含淚，忙不迭地叩頭，聲稱此去不成功便成仁，滅不了李自成絕不回來。幾天後李大學士到了保定，立刻向李自成投降，把崇禎的最後一點家底，原封不動全送給了李自成。這位李建泰在李自成事敗後又投降清朝，一度還受命參編《明史》，但不久後就被清王朝以「謀反罪」滅族。他個人的事跡，則被編入了《明史》中的《逆臣傳》。

遷都成鬧劇

北京淪陷之前，崇禎其實還有另一個挽救局面的機會——遷都南京。但按照《崇禎實錄》的說法，這個抉擇之所以沒能實現，主要因為崇禎的嫂子——天啟帝朱由校的皇后張氏反對，她的理由是，自己老公的墳墓在昌平，怎麼能扔下？退而求其次，又有人提出來，可以把太子和兩個弟弟先送到南京去。這個決議差點實現，按照《國榷》的說法,當時太子連行李都收拾好了,

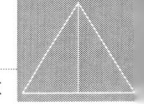

就等著隨時南下。可關鍵時刻,兵科給事中光時亨勸阻說:皇上要重演唐肅宗靈武即位的故事嗎?即警告崇禎,小心你兒子跑到南京後另立山頭,這樣你的皇位就做不成了。生性猜忌的崇禎立刻改了主意,明朝,也就錯過了最後的機會。這位光時亨在李自成攻陷北京後,主動賣身投靠做叛徒,後來又投奔了南明弘光政權,遭弘光政權權臣馬士英彈劾論罪,最終被斬首。他的罪名是「力阻南遷,致使先帝殞命社稷」。

「憤青」真要命

國家的內憂外患令崇禎也非常著急,崇禎十一年(1638年)五月,他甚至給大臣們出了一道作文題,題目大意為,現在國家內憂外患,應該怎麼辦?他沒想到的是,這個作文題,居然考出了一大群「憤青」來,幾乎所有的大臣們都主張,要雙拳出擊,滅了農民軍和滿清兩個禍害。兵部尚書楊嗣昌,剛露出點先和滿清議和的口風,就立刻被他的下屬——兵部趙郎中罵得狗血淋頭。在「憤青」們的逼迫下,崇禎也只好硬著頭皮死撐。明朝,最終亡於雙線作戰下。

這個宦官真找抽

崇禎皇帝在位時殺掉的最後一個人,是一個叫張殷的太監。北京城破前的三月十六日,這位張公公興高采烈地找崇禎,說自己有破敵妙策。心頭燃起希望的崇禎忙問是什麼,張公公一本正經地說:等李自成打進來,您就趕快投降,肯定一點事都沒有。氣得崇禎當場把他砍得稀巴爛。

宮女愧煞人

崇禎十七年三月十九日子時,崇禎在煤山上吊,李自成攻破北京後,許多忠心耿耿的大臣選擇了用殉難的方式盡忠大明。內閣大學士范景文留下遺言「不能滅賊雪恥,空有餘恨」後,慨然投井自殺。這位范大學士曾經因得罪崇禎,一度遭到罷官,直到崇禎十五年才復職。以各種方式殉難的王公大臣、文臣武將加起來,總數大約三十多個。而殉難「比率」最高的,卻是明

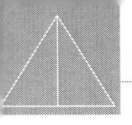

王朝皇宮裡的宮女們，城破之夜，選擇自殺殉難的宮女，先後多達數百人，直叫諸多降將降臣羞愧萬分。

叛徒不靠譜

李自成在攻陷北京後，一個公認的暴行就是對明朝軍民手段酷烈的「追贓」。而第一個死於李自成「追贓」的，就是李自成攻北京時賣身投靠的襄城伯李國楨。按照《國榷》的記錄，李自成從一開始就看不起這個叛徒，他最早在京城門口投靠時，李自成就指著他的鼻子罵：「你是崇禎最信任的大臣，這個時候你應該為國盡忠，現在你卻站在這裡，還有比你臉皮厚的嗎？」接著就把他綁了起來。而後由劉宗敏出面，整整一夜嚴刑拷打，將他折磨致死。其家產全部被李自成充公。

拍馬屁變成找死

在遭李自成「追贓」的官員裡，內閣大學士陳演是非常滑稽的一位。這人在崇禎活著的時候特別會裝，尤其善於揣摩崇禎的心思，每次和崇禎對答，都能討得他歡心。他除了經常向崇禎的親信太監行賄外，還特別會裝窮，穿著簡樸。《國榷》裡說，李自成進北京早期，也以為他是個窮官，「追贓」的官員名單裡本沒有他。結果他自己找死，向劉宗敏行賄四萬兩白銀，一下子露了富，劉宗敏下令抄陳演的家，結果發現他家院子下面一層，全是挖空的地窖，裡面儲滿了白銀，然後又經幾天拷打，從他另一處宅子裡，又搜出了數百兩黃金以及成箱的珍珠。在李自成逃離北京前，此人被拉到鬧市斬首。

領導真有錢

李自成對明朝舊官員的「追贓」，在不到一個月的時間裡，總共得到白銀七千萬兩。如果和被稱為「苛捐雜稅」的晚明對比一下，萬曆遭人詬病的「礦稅」，20 年間總共收上白銀三百萬兩，即使加上被太監貪墨的部分，總數也就三千萬兩。而明末從萬曆四十八年至崇禎十七年，24 年裡攤派在老百姓頭上的「遼餉」總額，也不過兩千萬兩。這兩個數字加起來，還沒有李自

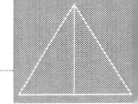

成在一個月裡勒索到的錢多。晚明的執政錯誤，或許可以這麼形容：窮了政府，苦了百姓，富了蛀蟲。

國家圖書館出版品預行編目（CIP）資料

圈子.段子之大明帝國日常生活直播 / 張嶔 著. -- 第一版.
-- 臺北市：崧燁文化，2019.03

　面；　公分

ISBN 978-957-681-736-6(平裝)

1.明史 2.通俗史話

626　　　　　　　　　　　　　　　　　　107023050

書　　名：圈子.段子之大明帝國日常生活直播
作　　者：張嶔 著
發 行 人：黃振庭
出 版 者：崧博出版事業有限公司
發 行 者：崧燁文化事業有限公司
E - m a i l：sonbookservice@gmail.com
粉絲頁：　　　　網　址：
地　　址：台北市中正區重慶南路一段六十一號八樓 815 室
8F.-815, No.61, Sec. 1, Chongqing S. Rd., Zhongzheng
Dist., Taipei City 100, Taiwan (R.O.C.)
電　　話：(02)2370-3310 傳　真：(02) 2370-3210
總 經 銷：紅螞蟻圖書有限公司
地　　址：台北市內湖區舊宗路二段 121 巷 19 號
電　　話:02-2795-3656 傳真:02-2795-4100　　網址：
印　　刷：京峯彩色印刷有限公司（京峰數位）

　本書版權為西南財經大學出版社所有授權崧博出版事業股份有限公司獨家發行
　電子書及繁體書繁體字版。若有其他相關權利及授權需求請與本公司聯繫。

定　　價：299 元
發行日期：2019 年 03 月第一版
◎ 本書以 POD 印製發行